U0600801

集

沈从文 著

家书

江苏人民出版社

图书在版编目（CIP）数据

从文家书 / 沈从文著. —南京：江苏人民出版社，
2014. 1（2023.9 重印）

（含章文库. 沈从文集）

ISBN 978-7-214-10852-4

Ⅰ.①从… Ⅱ.①沈… Ⅲ.①沈从文（1902~1988）
—书信集 Ⅳ.①K825.6

中国版本图书馆CIP数据核字（2013）第243281号

书　　　名	从文家书
著　　　者	沈从文
责 任 编 辑	吴　迪
出 版 发 行	江苏人民出版社
地　　　址	南京市湖南路 1 号 A 楼，邮编：210009
印　　　刷	天津丰富彩艺印刷有限公司
开　　　本	880 mm × 1 230 mm　1/32
印　　　张	10
字　　　数	190 000
版　　　次	2014 年 1 月第 1 版
印　　　次	2023 年 9 月第 3 次印刷
标 准 书 号	ISBN 978-7-214-10852-4
定　　　价	38.00 元

（江苏人民出版社图书凡印装错误可向承印厂调换）

目录 · CONTENTS

一

劫余情书

一

由达园致张兆和

（一九三一年六月）

我行过许多地方的桥，看过许多次数的云，喝过许多种
类的酒，却只爱过一个正当最好年龄的人。

××：

你们想一定很快要放假了。我要玖到××来看看你，我说："玖，
你去为我看看××，等于我自己见到了她。去时高兴一点，因为哥哥
是以见到××为幸福的。"不知道玖来过没有？玖大约秋天要到北平
女子大学学音乐，我预备秋天到青岛去。这两个地方都不像上海，你
们将来有机会时，很可以到各处去看看。北平地方是非常好的，历史
上为保留下一些有意义极美丽的东西，物质生活极低，人极和平，春
天各处可放风筝，夏天多花，秋天有云，冬天刮风落雪，气候使人严
肃，同时也使人平静。××毕了业若还要读几年书，倒是来北平读

书好。

你的戏不知已演过了没有？北平倒好，许多大教授也演戏，还有从女大毕业的，到各处台上去唱昆曲，也不为人笑话。使戏子身份提高，北平是和上海稍稍不同的。

听说××到过你们学校演讲，不知说了些什么话。我是同她顶熟的一个人，我想她也一定同我初次上台差不多，除了红脸不会有再好的印象留给学生。这真是无办法的，我即或写了一百本书，把世界上一切人的言语都能写到文章上去，写得极其生动，也不会作一次体面的讲话。说话一定有什么天才，×××是大家明白的一个人，说话嗓子洪亮，使人倾倒，不管他说的是什么空话废话，天才还是存在的。

我给你那本书，《××》同《丈夫》都是我自己欢喜的，其中《丈夫》更保留到一个最好的记忆，因为那时我正在吴淞，因爱你到要发狂的情形下，一面给你写信，一面却在苦恼中写了这样一篇文章。我照例是这样子，做得出很傻的事，也写得出很多的文章，一面糊涂处到使别人生气，一面清明处，却似乎比平时更适宜于做我自己的事。××，这时我来同你说这个，是当一个故事说到的，希望你不要因此感到难受。这是过去的事情，这些过去的事，等于我们那些死亡了最好的朋友，值得保留在记忆里，虽想到这些，使人也仍然十分惆怅，可是那已经成为过去了。这些随了岁月而消逝的东西，都不能再在同样情形下再现了的，所以说，现在只有那一篇文章，代替我保留到一些生活的意义。这文章得到许多好评，我反而十分难过，任什么人皆不知道我为了什么原因，写出一篇这样文章，使一些下等人皆以一个完美的人格出现。

我近日来看到过一篇文章，说到似乎下面的话："每人都有一种奴隶的德性，故世界上才有首领这东西出现，给人尊敬崇拜。因这奴隶的德性，为每一人不可少的东西，所以不崇拜首领的人，也总得选择一种机会低头到另一种事上去。"××，我在你面前，这德性也显然存在的。为了尊敬你，使我看轻了我自己一切事业。我先是不知道我为什么这样无用，所以还只想自己应当有用一点。到后看到那篇文章，才明白，这奴隶的德性，原来是先天的。我们若都相信崇拜首领是一种人类自然行为，便不会再觉得崇拜女子有什么稀奇难懂了。

你注意一下，不要让我这个话又伤害到你的心情，因为我不是在窘你做什么你做不到的事情，我只在告诉你，一个爱你的人，如何不能忘你的理由。我希望说到这些时，我们都能够快乐一点，如同读一本书一样，仿佛与当前的你我都没有多少关系，却同时是一本很好的书。

我还要说，你那个奴隶，为了他自己，为了别人起见，也努力想脱离羁绊过。当然这事做不到，因为不是一件容易的事情。为了使你感到窘迫，使你觉得负疚，我以为很不好。我曾作过可笑的努力，极力去同另外一些人要好，到别人崇拜我愿意做我的奴隶时，我才明白，我不是一个首领，用不着别的女人用奴隶的心来服侍我，却愿意自己做奴隶，献上自己的心，给我所爱的人。我说我很顽固的爱你，这种话到现在还不能用别的话来代替，就因为这是我的奴性。

××，我求你，以后许可我做我要做的事，凡是我要向你说什么时，你都能当我是一个比较愚蠢还并不讨厌的人，让我有一种机会，说出一些有奴性的卑屈的话，这点点是你容易办到的。你莫想，每一次我说到"我爱你"时你就觉得受窘，你也不用说"我偏不爱你"，作为抗拒别人对你的倾心。你那打算是小孩子的打算，到事实上却毫无用处的。有些人对天成日成夜说，"我赞美你，上帝！"有些人又成日成夜对人世的皇帝说，"我赞美你，有权力的人！"你听到被赞美的"天"同"皇帝"，以及常常被称赞的日头同月亮，好的花，精致的艺术回答说"我偏不赞美你"的话没有？一切可称赞的，使人倾心的，都像天生就是这个世界的主人，他们管领一切，统治一切，都看得极其自然，毫不勉强。一个好人当然也就有权力使人倾倒，使人移易哀乐，变更性情，而自己却生存到一个高高的王座上，不必作任何声明。凡是能用自己各方面的美攫住别的人灵魂的，他就有无限权威，处置这些东西，他可以永远沉默，日头，云，花，这些例举不胜举。除了一只莺，他被人崇拜处，原是他的歌曲，不应当哑口外，其余被称赞的，大都是沉默的。××，你并不是一只莺。一个皇帝，吃任何阔气东西他都觉得不够，总得臣子恭维，用恭维作为营养，他才适意，因为恭维不甚得体，所以他有时还发气骂人，让人充军流血。××，你不会像帝皇。一个月亮可不是这样的，一个月亮不拘听到任何人赞美，不拘这赞美如何不得体，如何不恰当，它不拒绝这些从心中涌出的呼喊。××，你是我的月亮。你能听一个并不十分聪明的人，用各样声音，各样言语，向你说出各样的感想，而这感想却因为你的存在，如一个光明，照耀到我的生活里而起的，你不觉得这也是生存里一件有趣味的事吗？

"人生"原是一个宽泛的题目，但这上面说到的，也就是人生。

为帝王作颂的人，他用口舌"娱乐"到帝王，同时他也就"希望"到帝王。为月亮写诗的人，他从它照耀到身上的光明里，已就得到他所要的一切东西了。他是在感谢情形中而说话的，他感谢他能在某一时望到蓝天满月的一轮。××，我看你同月亮一样。……是的，我感谢我的幸运，仍常常为忧愁扼着，常常有苦恼（我想到这个时，我不能说我写这个信时还快乐）。因为一年内我们可以看过无数次月亮，而且走到任何地方去，照到我们头上的，还是那个月亮。这个无私的月不单是各处皆照到，并且从我们很小到老还是同样照到的。至于你，"人事"的云翳，却阻拦到我的眼睛，我不能常常看到我的月亮！一个白日带走了一点青春，日子虽不能毁坏我印象里你所给我的光明，却慢慢的使我不同了。"一个女子在诗人的诗中，永远不会老去，但诗人，他自己却老去了。"我想到这些，我十分忧郁了。生命都是太脆薄的一种东西，并不比一株花更经得住年月风雨，用对自然倾心的眼，反观人生，使我不能不觉得热情的可珍，而看重人与人凑巧的藤葛。在同一人事上，第二次的凑巧是不会有的。我生平只看过一回满月。我也安慰自己过，我说，"我行过许多地方的桥，看过许多次数的云，喝过许多种类的酒，却只爱过一个正当最好年龄的人。我应当为自己庆幸，……"这样安慰到自己也还是毫无用处，为"人生的飘忽"这类感觉，我不能忍受这件事来强作欢笑了。我的月亮就只在回忆里光明全圆，这悲哀，自然不是你用得着负疚的，因为并不是由于你爱不爱我。

仿佛有些方面是一个透明了人事的我，反而时时为这人生现象所苦，这无办法处，也是使我只想说明却反而窘了你的理由。

××，我希望这个信不是窘你的信。我把你当成我的神，敬重你，同时也要在一些方便上，诉说到即或是真神也很糊涂的心情，你高兴，你注意听一下，不高兴，不要那么注意吧。天下原有许多稀奇事情，我××××十年，都缺少能力解释到它，也不能用任何方法说明，譬如想到所爱的一个人的时候，血就流走得快了许多，全身就发热作寒，听到旁人提到这人的名字，就似乎又十分害怕，又十分快乐。究竟为什么原因，任何书上提到的都说不清楚，然而任何书上也总时常提到。"爱"解作一种病的名称，是一个法国心理学者的发明，那病的现象，大致就是上述所及的。

你是还没有害过这种病的人，所以你不知道它如何厉害。有些人永远不害这种病，正如有些人永远不害麻疹伤寒，所以还不大相信伤寒病使人发狂的事情。××，你能不害这种病，同时不理解别人这种病，也真是一种幸福。因为这病是与童心成为仇敌的，我愿意你是一个小孩子，真不必明白这些事。不过你却可以明白另一个爱你而害着这难受的病的痛苦的人，在任何情形下，却总想不到是要窘你的。我现在，并且也没有什么痛苦了，我很安静，我似乎为爱你而活着的，故只想怎么样好好的来生活。假使当真时间一晃就是十年，你那时或者还是眼前一样，或者已做了某某大学的一个教授，或者自己不再是小孩子，倒已成了许多小孩子的母亲，我们见到时，那真是有意思的事。任何一个作品上，以及任何一个世界名作作者的传记上，最动人的一章，总是那人与人纠纷藤葛的一章。许多诗是专为这点热情的指使而写出的，许多动人的诗，所写的就是这些事，我们能欣赏那些东西，为那些东西而感动，却照例轻视到自己，以及别人因受自己所影响而发生传奇的行为，这个事好像不大公平。因为这个理由，天将不许你长是小孩子。"自然"使苹果由青而黄，也一定使你在适当的时间里，转成一个"大人"。××，到你觉得你已经不是小孩子，愿意做大人时，我倒极希望知道你那时在什么地方做些什么事，有些什么感想。"崔苇"是易折的，"磐石"是难动的，我的生命等于"崔苇"，爱你的心希望它能如"磐石"。

望到北平高空明蓝的天，使人只想下跪，你给我的影响恰如这天空，距离得那么远，我日里望着，晚上做梦，总梦到生着翅膀，向上飞举。向上飞去，便看到许多星子，都成为你的眼睛了。

××，莫生我的气，许我在梦里，用嘴吻你的脚，我的自卑处，是觉得如一个奴隶蹲到地下用嘴接近你的脚，也近于十分亵渎了你的。

　　我念到我自己所写到"'崔苇'是易折的，'磐石'是难动的"时候，我很悲哀。易折的崔苇，一生中，每当一次风吹过时，皆低下头去，然而风过后，便又重新立起了。只有你使它永远折伏，永远不再作立起的希望。

　　　　　　　　　　　　　　　　　　一九三一年六月北平

一 湘行书简 一

引　子

☐ 张兆和致沈从文之一

（一九三四年一月八日）

二哥：

乍醒时，天才蒙蒙亮，猛然想着你，猛然想着你，心便跳跃不止。我什么都能放心，就只不放心路上不平靖，就只担心这个。因为你说的，那条道不容易走。我变得有些老太婆的迂气了，自打你决定回湘后，就总是不安，这不安在你走后似更甚。不会的，张大姐说，沈先生人好心好，一路有菩萨保佑，一定是风调雨顺一路平安到家的。不得已，也只得拿这些话来自宽自慰。虽是这么说，你一天不回来，我一天就不放心。一个月不回来，一个月中每朝醒来时，总免不了要心跳。还怪人担心吗？想想看，多远的路程多久的隔离啊。

你一定早到家了。希望在你见到此信时，这里也早已得到你报告平安的电信。妈妈见了你，心里一快乐，病一定也就好了。不知道你是不是照到我们在家里说好的，为我们向妈妈同大哥特别问好。

昨天回来时，在车子上，四妹老拿膀子拐我。她惹我，说我会哭的，同九妹拿我开玩笑。我因为心里难受，一直没有理她们。今天我起得很早。精神也好，因为想着是替你做事，我要好好地做。我在给你写信，四妹伸头缩脑的，九妹问我要不要吃窠鸡子。我笑死了。

路上是不是很苦？这条路我从未走过，想象不到是什么情形，总是辛苦就是了。

我希望下午能得到你信。

兆和

一月八日晨

◻ 张兆和致沈从文之二

（一九三四年一月九日第一信）

从文二哥：

　　只在于一句话的差别，情形就全不同了。三四个月来，我从不这个时候起来，从不不梳头、不洗脸，就拿起笔来写信的。只是一个人躺到床上，想到那为火车载着愈走愈远的一个，在暗淡的灯光下，红色毛毯中露出一个白白的脸。为了那张仿佛很近实在又极远的白脸，一时无法把捉得到，心里空虚得很！因此，每一丝声息，每一个墙外夜行人的步履声音，敲打在心上都发生了绝大的反响，又沉闷，又空洞。因此，我就起来了。我计算着，今晚到汉口，明天到长沙，自明天起，我应该加倍担着心，一直到得到你平安到家的信息为止。听你们说起这条道路之难行，不下于难于上青天的蜀道，有时想起来，又悔不应敦促你上路了。倘若当真路途中遇到什么困难，吃多少苦，受好些罪，那罪过，二哥，全数由我来承担吧。但只想想，你一到家，一家人为你兴奋着，暮年的病母能为你开怀一笑，古老城池的沉静空气也一定为你活泼起来，这么样，即或往返受二十六个日子的辛苦，也仍然是值得的。再说，再说这边的两只眼睛、一颗心，在如何一种焦急与期待中把白日同黑夜送走，忽然有一天，有那么一天，一个瘦小的身子挨进门来，那种欢喜，唉，那种欢喜，你叫我怎么说呢？总之，一切都是废话，让两边的人耐心地等待着，让时间把那个值得庆祝的日子带来吧。

现在，现在要轮到你来告诉我一些到家后的情形了。家里是怎么样欢迎你来着？老人家的精神是不是还好？你那大哥，是不是正如你所说的，卷起两只袖口，拿一把油油的锅铲忙出忙进？大哥大嫂三哥三嫂你记着替我同九妹致意没有？尤其是大嫂，代替大家服侍了妈十几年，对她你应该致最大的尊敬。嫂嫂们，你记着，别太累她们。你到家见妈时，记着把那件脏得同抹布样子的袍子换下来，穿一件干净的么？你应当时时注意妈妈房里空气的流通，谈话时，探听点老人家想吃点外面的什么东西，将来好寄。真的，有好些事我都忘了叮嘱你，直至走后才一件一件想起来，已来不及了……还有，到家后少出门，即或出门也以少发议论为妙。苗乡你是不暇去的了。听说你那个城子，要不了一会儿能可以走遍，你是不是也看过一道？一切与十五年前有什么不同？

三三

九日清晨

◻ 张兆和致沈从文之三

（一九三四年一月九日第二信）

亲爱的二哥：

你走了两天，便像过了许多日子似的。天气不好。你走后，大风也刮起来了，像是欺负人，发了狂似的到处粗暴地吼。这时候，夜间十点钟，听着树枝干间的怪声，想到你也许正下车，也许正过江，也许正紧随着一个挑行李的脚夫，默默地走那必须走的三里路。长沙的风是不是也会这么不怜悯地吼，把我二哥的身子吹成一块冰？为这风，我很发愁，就因为自己这时坐在温暖的屋子里，有了风，还把心吹得冰冷。我不知道二哥是怎么支持的。我告诉你我很发愁，那一点也不假，白日里，因为念着你，我用心用意地看了一堆稿子。到晚来，刮了这鬼风，就什么也做不下去了。有时想着十天以后，十天以后你到了家，想象着一家人的欢乐，也像沾了一些温暖，但那已是十天以后的事了，目前的十个日子真难捱！这样想来，不预先打电回家，倒是顶好的办法了。路那么长，交通那么不便，写一个信也要十天半月才得到，写信时同收信时的情形早不同了。比如说，你接到这信的时候，一定早到家了，也许正同哥哥弟弟在屋檐下晒太阳，也许正陪妈坐在房里，多半是陪着妈。房里有一盆红红的炭火，且照例老人家的炉火边正煨着一罐桂圆红枣，发出温甜的香味。你同妈说着白话，说东说西，有时还伸手摸摸妈衣服是不是穿得太薄。忽然，你三弟走进房来，送给你这个信。接到信，无疑地，你会快乐，但拆开信一看，愁呀冷呀的那么一大套，不是全然同你们的调子不谐和了吗？我很想写："二哥，我快乐极了，同九丫头跳呀蹦呀的闹了半天，因为算着你今天准可到家，晚上我们各人吃了三碗饭。"使你们更快乐。但那个信留到十天以后再写吧，你接到此信时，只想到我们当你看信时也正在为你们高兴，就行了。

希望一家人快乐康健！

三三

九日晚

沈从文致张兆和

◘ 在桃源

（一九三四年一月十二日）

三三：

我已到了桃源，车子很舒服。曾姓朋友送我到了地，我们便一同住在一个卖酒曲子的人家，且到河边去看船，见到一些船，选定了一只新的，言定十五块钱，晚上就要上船的。我现在还留在卖酒曲人家，看朋友同人说野话。我明天就可上行。我很放心，因为路上并无什么事情。很感谢那个朋友，一切得他照料，使这次旅行又方便又有趣。

我有点点不快乐处，便是路上恐怕太久了点。听船上人说至少得四天方可到辰州[1]，也许还得九天方到家，这分日子未免使我发愁。我恐怕因此住在家中就少了些日子。但我又无办法把日子弄快一点。

我路上不带书，可是有一套彩色蜡笔，故可以作不少好画。照片

---

[1] 辰州即沅陵。

预备留在家乡给熟人照相，给苗老咪照相，不能在路上糟蹋，故路上不照相。

三三，乖一点，放心，我一切好！我一个人在船上，看什么总想到你。

我到这里还碰到一个老同学，这老同学还是我廿年前在一处读书的。

二哥

十二日下午五时

在路上我看到个帖子很有趣：

立招字人钟汉福，家住白洋河文昌阁大松树下右边，今因走失贤媳一枚，年十三岁，名曰金翠，短脸大口，一齿凸出，去向不明。若有人寻找弄回者，赏光洋二元，大树为证，决不吃言。谨白。

三三：我一个字不改写下来给你瞧瞧，这人若多读些书，一定是个大作家。

▣ 小船上的信

（一九三四年一月十三日第一信）

　　船在慢慢的上滩，我背船坐在被盖里，用自来水笔来给你写封长信。这样坐下写信并不吃力，你放心。这时已经三点钟，还可以走两个钟头。应停泊在什么地方，照俗谚说，"行船莫算，打架莫看"，我不过问。大约可再走廿里，应歇下时，船就泊到小村边去，可保平安无事。船泊定后我必可上岸去画张画。你不知见到了我常德长堤那张画不？那张窄的长的。这里小河两岸全是如此美丽动人，我画得出它的轮廓，但声音、颜色、光，可永远无本领画出了。你实在应来这小河里看看，你看过一次，所得的也许比我还多，就因为你梦里也不会想到的光景，一到这船上，便无不朗然入目了。这种时节两边岸上还是绿树青山，水则透明如无物，小船用两个人拉着，便在这种清水里向上滑行，水底全是各色各样的石子。舵手抿起个嘴唇微笑，我问他："姓什么？""姓刘。""在这条河里划了几年船？""我今年五十三，十六岁就划船。"来，三三，请你为我算算这个数目。这人厉害得很，四百里的河道，涨水干涸河道的变迁，他无不明明白白。他知道这河里有多少滩、多少潭。看那样子，若许我来形容形容，他还可以说知道这河中有多少石头！是的，凡是较大的，知名的石头，他无一不知！水手一共是三个，除了舵手在后面管舵管篷管纤索的伸缩，前面舱板有两个人。其中一个是小孩子，一个是大人。两个人的职务是船在滩上时，就撑急水篙，左边右边下篙，把钢钻打得水中石头作出好听的声音。到长潭时则荡桨，躬起个腰推扳长桨，把水弄得哗哗的，声音也很幽静温柔。到急水滩时，则两人背了纤索，把船拉去，水急了些，吃力时就伏在石滩上，手足并用的爬行上去。船是只新船，油得黄黄的，干净得可以作为教堂的神龛。我卧的地方较低一些，可听得出水在船底流过的细碎声音。前舱用板隔断，故我可以不被风吹。我坐的是后面，凡为船后的天、地、水，我全可以看到。我就这样一面看水一面想你。我快乐，就想应当同你快乐，我闷，就想要你在我必可以不闷。我同船老板吃饭，我盼望你也在一角吃饭。我至少还得在船上过七个日子，还不把下行的计算在内。你说，这七个日子我怎么办？天气又不很好，并无太阳，天是灰灰的，一切较远的边岸小山同树木，皆裹在一层轻雾里，我又不能照相，也不宜画画。看看船走动时的情形，我还可以在上面写文章，感谢天，我的文章既然提到的是水上的事，在船上实在太方便了。倘若写文章得选择一个地方，我如今所在的地方是太好了一点的。不过我离得你那么远，文章如何写得下去。"我不能写文章,就写信。"我这么打算,我一定做到。我每天可以写四张,若写完四张事情还不说完,我再写。这只手既然离开了你,也只有那么来折磨它了。

我来再说点船上事情吧。船现在正在上滩,有白浪在船旁奔驰,我不怕,船上除了寂寞,别的是无可怕的。我只怕寂寞。但这也正可训练一下我自己。我知道对我这人不宜太好,到你身边,我有时真会使你皱眉。我疏忽了你,使我疏忽的原因便只是你待我太好,纵容了我。但你一生气,我即刻就不同了。现在则用一件人事把两人分开,用别离来训练我,我明白你如何在支配我管领我!为了只想同你说话,我便钻进被盖中去,闭着眼睛。你瞧,这小船多好!你听,水声多幽雅!你听,船那么轧轧响着,它在说话!它说:"两个人尽管说笑,不必担心那掌舵人。他的职务在看水,他忙着。"船真轧轧的响着。可是我如今同谁去说?我不高兴!

梦里来赶我吧,我的船是黄的,船主名字叫作"童松柏",桃源县人。尽管从梦里赶来,沿了我所画的小堤一直向西走,沿河的船虽万万千千,我的船你自然会认识的。这里地方狗并不咬人,不必在梦里为狗吓醒!

你们为我预备的铺盖,下面太薄了点,上面太硬了点,故我很不暖和,在旅馆已嫌不够,到了船上可更糟了。盖的那床被大而不暖,不知为什么独选着它陪我旅行。我在常德买了一斤腊肝、半斤腊肉,在船上吃饭很合适……莫说吃的吧,因为摇船歌又在我耳边响着了,多美丽的声音！

我们的船在煮饭了，烟味儿不讨人嫌。我们吃的饭是粗米饭，很香很好吃。可惜我们忘了带点豆腐乳，忘了带点北京酱菜。想不到的是路上那么方便，早知道那么方便，我们还可带许多北京宝贝来上面，当"真宝贝"去送人！

你这时节应当在桌边做事的。

山水美得很，我想你一同来坐在舱里，从窗口望那点紫色的小山。我想让一个木筏使你惊讶，因为那木筏上面还种菜！我想要你来使我的手暖和一些……

十三日下午五时

◻ 泊曾家河

——三三专利读物（一九三四年一月十三日第二信）

我的小船已泊到曾家河。在几百只大船中间这只船真是个小物件。我已吃过了夜饭，吃的是辣子、大蒜、豆腐干。我把好菜同水手交换素菜，交换后真是两得其利。我饭吃得很好。吃过了饭，我把前舱缝缝罅罅用纸张布片塞好，再把后舱用被单张开，当成幔子一挂，且用小刀将各个通风处皆用布片去扎好，结果我便有了间"单独卧房"了。

你只瞧我这信上的字写得如何整齐，就可知船上做事如何方便了。我这时倚在枕头旁告你一切，一面写字，一面听到小表嘀嘀嗒嗒，且听到隔船有人说话，岸上则有狗叫着。我心中很快乐，因为我能够安静同你来说话！

说到"快乐"时我又有点不足了，因为一切纵妙不可言，缺少个你，还不成的！我要你，要你同我两人来到这小船上，才有意思！

我感觉得到，我的船是在轻轻的、轻轻的在摇动。这正同摇篮一样，把人摇得安眠，梦也十分和平。我不想就睡。我应当痴痴地坐在这小船舱中，且温习你给我的一切好处。三三，这时节还只七点三十分，说不定你们还刚吃饭！

　　我除了夸奖这条河水以外真似乎无话可说了。你来吧，梦里尽管来吧！我先不是说冷吗？放心，我不冷的。我把那头用布拦好后，已很暖和了。这种房子真是理想的房子，这种空气真是标准空气。可惜得很，你不来同我在一处！

　　我想睡到来想你，故写完这张纸后就不再写了。我相信你从这纸上也可以听到一种摇橹人歌声的，因为这张纸差不多浸透了好听的歌声！

　　你不要为我难过，我在路上除了想你以外，别的事皆不难过的。我们既然离开了，我这点难过处实在是应当的、不足怜悯的。

二哥

一月十三下八时

☐ 水手们

——三三专利读物（一九三四年一月十四日第一信）

天气真冷。昨晚船歇到曾家河，睡得不好，醒了许多次，全是冷醒的。醒了以后就有许久不能再睡去，常常擦自来火看小表的时间。皮袍子全搭到上面还不济事，我悔当时不肯带褥子来。

睡不着时我就心想：若落点雪多好。照南方规矩，天太冷了必落雪，一落了雪天就暖和了。天亮时船篷沙沙的响，有人说"落了雪"，我忘了天气，只描摹那雪景。到后天已大亮时，看看雪已落了很多。气候既不转好，各个船又不能开动，你想，半路上停顿下来多急人。这样蹲下去两头无着，我是受不了的。我的船既是包定的，我的日子又有限度，不开船可不行！故我为他们称几斤鱼，这几斤鱼把船弄活了，这时节的船，已离开原泊地方二十多里了。天气还是极冷，船仍然在用篙桨前进，两岸全是白色，河水清明如玉。一切都好得很！我要你！倘若两个人在这小船上，就一切全不怕了。想到南方天气已那么冷，北方还不知冻到什么样子。我恐怕你寂寞得很，又怕你被人麻烦，被事麻烦，我因此事也做不下去。

这船今天能歇到什么地方，我不明白，船上人也不明白。这时已十二点钟，两岸有鸡叫，有狗叫，有人吵骂声音，我算算你们应在桌边吃午饭了。我估计你们也正想到我。我心里很烦乱……

今天太冷，我的画也不能着手了。我只坐在被盖里，把纸本子搁在膝上写信，但一面写字一面就不快乐。我忙着到家，也忙着回转北京，但是天知道，这小船走得却如何慢！天气既那么冷，还得使三个划船人在水里风里把船弄上去，心中又不安。使他们高兴倒容易，晚上各人多吃半斤肉，这船就可以在水面上飞。可是我自己，却应当怎么办？三三，我自己真不知道如何办。做了点文章，又做不下去。校改了自己的书一遍，又觉得书也写得平平常常，不足注意。看看四丫头的相同你的相，就想起为四丫头改的文章，还无完成的希望，不知远处有个候补作家，正在如何怨我。照照镜子，镜中的我可瘦得怕人。当真的，人这样瘦，见了家中人又怎么办？我实在希望我回到家中时较肥一点，但天气那么坏，船那么慢，你隔得我又那么远，我有什么办法可以胖些？这么走路上可能要廿多天！

我心里有点着急。但是莫因我的着急便难过。在船上的一个，是应当受点罪，请把好处留给我回来，把眼泪与一切埋怨皆留到我回来再给我，现在还是好好的做事，好好的过日子吧。

我想我的信一定到得不大有秩序，我还担心有些信你收不到。因为在平汉车上发的六七封信，差不多全是交托车站上巡警发的，那些巡警即或不至于把信失掉，也许一搁在袋子里就是两天，保不定长沙的信到时，河南的信反而不到！

我又听到摇橹人歌声了，好听得很。但越好听也就越觉得船上没有你真无意思……

三三，我今天离开你一个礼拜了。日子在旅行人看来真不快，因为这一礼拜来，我不为车子所苦，不为寒冷所苦，不为饮食马虎所苦，可是想你可太苦了。

路上的鱼很好，大而活鲜鲜的鱼，一毛二分钱一斤，用白水煮熟实在好吃得很。这河里原本出好鱼，最好的是青鱼，鲜得如海味，你不吃过也就想不到那个好处。

船停了，真静。一切声音皆像冷得凝固了，只有船底的水声，轻轻的轻轻的流过去。这声音使人感觉到它，几乎不是耳朵，却只是想象。但当真却有声音。水手在烤火，在默默的烤火。

说到水手，真有话说了。三个水手有两个每说一句话中必有个野话字眼儿在前面或后面，我一天来已跟他们学会三十句野话。他们说野话同使用符号一样，前后皆很讲究。倘若不用，那么所说正文也就模糊不清了。我很稀奇，不明白他们从什么方面学来这种野话。

船又开了，为了开船，这船上舵手同水手谈论天气，我试计算计算，十九句话中就说了十七个坏字眼儿。仿佛一世的怨愤，皆得从这些野话上发泄，方不至于生病似的。说到他们的怨愤，我又想起这些人的生活来了。我这次坐这小船，说定了十五块钱到地。吃白饭则一千文一天，合一角四分。大约七天方可到地，船上共用三人，除掉舵手给另一岸上船主租钱五元外，其余轮派到水手的，至多不过两块钱。即作为两块钱，则每天仅两毛多一点点。像这样大雪天气，两毛钱就得要人家从天亮拉起一直到天黑，遇应当下水时便即刻下水，你想，多不公平的事！但这样船夫在这条河里至少就有卅万，全是在能够用力时把力气卖给人，到老了就死掉的。他们的希望只是多吃一碗饭，多吃一片肉，拢岸时得了钱，就拿去花到吊脚楼上女人身上去，一回两回，钱完事了，船又应当下行了。天气虽有冷热，这些人生活却永远是一样的。他们也不高兴，为了船搁浅，为了太冷太热，为了租船人太苛刻。他们也常大笑大乐，为了顺风扯篷，为了吃酒吃肉，为了说点粗糙的关于女人的故事。他们也是个人，但与我们都市上的所谓"人"却相离多远！一看到这些人说话，一同到这些人接近，就使我想起一件事情，我想好好的来写他们一次。我相信若我动手来写，一定写得很好。但我总还嫌力量不及，因为本来这些人就太大了。三三，这些船夫你若见到时，一定也会发生兴味的。船夫分许多种，最活泼有趣勇敢耐劳的为麻阳籍水手，大多数皆会唱会闹，做事一股劲儿，带点憨气，且野得很可爱。麻阳人划船成为专业，一条辰河至少就应当有廿万麻阳船夫。这些人的好处简直不是一个人用口说得尽的，你若来，你只需用眼睛一看就相信我的话了。我过一阵下行，就想搭麻阳船。

三三，你若坐了一次这样小船，文章也一定可以写得好多了。因为船上你就可以学许多，水上你也可以学许多，两岸你还可以学许多！

我回来时当为你照些水手相来，还为你照个住吊脚楼的青年乡下妓女相来（只怕片子太少，到了城中就完事了）。这些人都可爱得很，你一定欢喜他们。

我颈脖也写木了，位置不对，我歇歇，晚上在蜡烛下再告你些。

二哥

十四下午一点

□ 泊兴隆街

（一九三四年一月十四日第二信）

　　船停到一个地方，名"兴隆街"，高山积雪同远村相映照，真是空前的奇观。我想拿了相匣子上去照一个相，却因为毛毛雨落个不停，只好不上岸了。这时还只三点四十分，一时不及断黑，雪不落却落小雨。我冷得很，但手并不木僵。南方的冷与北方不同，南方的冷是湿的，有点讨厌的。穿衣多也无用处。烤火也无用处。

　　我们的小船因为煮饭吃，弄得满船全是烟子，我担心我的眼睛会为烟子熏坏。如今便是在烟里写这个信的。一面写信，一面依然可以听麻阳人船上的橹歌。船走得太慢，这日子可不好过。上面的人不把日子当数，行船人尤其不明白日子的意义。天气既那么冷，我也不好说话。但多捱一天，在上面住的日子就扣去一天，你说，我多难受。

　　我还得告你，今天是我的生日！这个生日可过得妙，坐在一只小船上来想念你们，你们若算着日子，也一定想得起今天是我生日！我想同你说话，却办不到，我想同大家笑笑，也办不到。我只有同水手谈话，问长问短，弄得他们哈哈大笑。我还为他们称三斤肉吃。但他们全不知道我如何发急，如何想我的行程。我还想自己照个小相，也无法照。我不知道怎么办就好一点。实在不知道怎么办。

三三，你只看我信写得如何乱，你就会明白我的心如何乱了。我不想写什么，不想说什么。我手冷得很，得你用手来捏才好……这长长的日子，真不好对付！我书又太带少了，画画的纸又不合用，天气又坏，要照相不便照相。我只好躲在舱中，把纸按在膝上，来为你写信。三三，我现在方知道分离可不是年轻人的好玩意儿。当时我们弄错了，其实要来便得全来，要不来就全不来。你只瞧，如今还只是四分之一的别离，已经当不住了，还有廿天，这廿天怎么办!？

十四四点三十分

◻ 河街想象

（一九三四年一月十四日第三信）

三三，我的心不安定，故想照我预定计划把信写得好些也办不到。若是我们两个人同在这样一只小船上，我一定可以作许多好诗了。

我们的小船已停泊在两只船旁边，上个小石滩就是我最欢喜的吊脚楼河街了。可惜雨还不停，我也就无法上街玩玩了。但这种河街我却能想象得出。有屠户，有油盐店，还有妇人提起烘笼烤手，见生人上街就悄悄说话。街上出钱纸，就是用作烧化的，这种纸既出在这地方，卖纸铺子也一定很多。街上还有个小衙门，插了白旗，署明保卫团第几队，做团总的必定是个穿青羽绫马褂的人。这种河街我见得太多了，它告我许多知识，我大部提到水上的文章，是从河街认识人物的。我爱这种地方、这些人物。他们生活的单纯，使我永远有点忧郁。我同他们那么"熟"——一个中国人对他们发生特别兴味，我以为我可以算第一位！但同时我又与他们那么"陌生"，永远无法同他们过日子。真古怪！我多爱他们，五四以来用他们做对象我还是唯一的一人！

我泊船的上面就恰恰是《柏子》文章上提到的东西，我还可以看到那些大脚妇人从窗口喊船上人。我猜想得出她们如何过日子，我猜得毫不错误。

四点

我吃过晚饭了，豆腐干炒肉、腊肝，吃完事后，又煮两个鸡蛋。我不敢多吃饭，因为饭太硬了些，不能消化。我担心在船上拖瘦，回到家里不好看，但照这样下去却非瘦不可的。我想喝点汤就办不到。想吃点青菜也办不到。想弄点甜东西也办不到。水果中在常德时我买的有梨子同金钱橘，但无用处，这些东西皆不宜于冬天在船上吃……如今既无热水瓶，又无点心，可真只有硬挨了。

又听到极好的歌声了，真美。这次是小孩子带头的，特别娇，特别美。你若听到，一辈子也忘不了的。简直是诗。简直是最悦耳的音乐。二哥蠢人，可惜画不出也写不出。

三三，在这条河上最多的是歌声，麻阳人好像完全是吃歌声长大的。我希望下行时坐的是一条较大的船，在船上可以把这歌学会。

十四日下五点十分

☐ 忆麻阳船

（一九三四年一月十四日第四信）

天气还早得很，水手就泊了船，水面歌声虽美丽得很，我可不能尽听点歌声就不寂寞！我心中不自在。我想来好好的报告一些消息。从第一页起，你一定还可以收到这种通信四十页。

这时节正是五点廿五分，先前摇橹唱歌的那只大船已泊近了我的船边，只听到许多人骂野话，许多篙子钉在浅水石头上的声音，且有人大嚷大骂。三三，你以为这是"吵架"，是不是？你错了。别担心，他们不过是在那里"说话"罢了。他们说话就永远得用个粗野字眼儿，遇要紧事情时，还得在每句话前后皆用野话相衬，事情方做得顺手。这种字眼儿的运用，父子中间也免不了。你不要以为这就是野人。他们骂野话，可不做野事。人正派得很！船上规矩严，忌讳多。在船上客人夫妇间若撒了野，还得买肉酬神。水手们若想上岸撒野，也得在拢岸后的。他们过得是节欲生活，真可以说是庄严得很！

船中最美的恐怕应得数麻阳船。大麻阳船有"鳅鱼头"同"五舱子"，装油两千篓，摇橹三十人，掌舵的高据后楼，下滩时真可谓堂皇之至！我就坐过这样大船一次，还有床同玻璃窗，各处皆是光溜溜的。十四年后这船还使我神往。其次是小船，就是我如今坐的"桃源划子"。但我不幸得很，遇到几个懒人。我对他们无办法。我看情形到家中必需十天，这数目加上从北平到桃源的四天，一共就是十四天，下行也许可以希望少两天，但因此一来，我至多也只能在家中住四天了。我运气坏，遇到这种小船真说不出口。看到他们早早的停泊，我竟不知怎么办。照规矩他们又可以自由停泊的，他们可以从各样事情上找机会，说出不能开动的理由。我呢，也觉得天气太冷，不忍要他们在水中受折磨。可是旁人少受些折磨，我就多受些折磨，你说我怎么办？

　　我先以为我是个受得了寂寞的人，现在方明白我们自从在一处后，我就变成一个不能够同你离开的人了……三三，想起你我就忍受不了目前的一切了。我真像从前等你回信、不得回信时神气。我想打东西，骂粗话，让冷风吹冻自己全身。我明白我同你离开越远也反而越相近。但不成，我得同你在一处，这心才能安静，事也才能做好！我试过如何来利用这长长的日子写篇小说，思想很乱，无论如何竟写不出什么来。

一月十四下六时

▣ 过柳林岔

（一九三四年一月十五日第一信）

十五日上午九点三十分

昨天晚上我又睡不好，不知什么原因，尽得醒。船走得太慢，使人着急。但天气那么冷，也不好意思催人下水拉船。我昨天不是说已经够冷了吗？今天还更糟！

今早开船时还只七点左右，落得是子子雪，撒在舱板上、船篷上如抛豆子，篙桨把手处皆起了凌，可是船还依然得上滩。从今天为始，我这小船就时时刻刻得上滩了，大约有成百个急水滩得上。

现在已十点，我们业已吃过早饭，船又在开动了。算算日子我已离开了你八天。我的信写了一大堆，皆得到辰州付邮。我知道你着急，可是这信还仍然无法寄来。

路上过的日子，照我们动身时打算，总以为可担心处是危险。

现在我方明白，路上危险倒没有，却只是寂寞。一个孤单单的人，坐在一个见方六尺的船舱里，一寸木板下就是汤汤的流水，风雪大了随时皆得泊下……我们的船太不凑巧了点，恰好就遇到这种风雪日子。

船又停了，你说急不急人。船正泊到一个泥堤下，一切声音皆没有，只有水在船底流过的声音。远处的雪一片白，天气好冷！船夫不好意思似的一面骂野话，一面跳上岸去拉纤，望到他们那个背影，我有说不出的同情，不好意思催促。

船开后，我坐在外面看了他们拉船半点钟[1]。雪子落得很密。真冷。若落软雪就好了，目前可似乎还不能落那种雪。照这样走去，也许从桃源到浦市这一段路，将超过七天，可能要十天以上。这预算一超过，我回北平的日子也一定得延长了。我的急与你们的盼望，同样是不能把这路程缩短的。路太长了。

你得好好的做事，不要为我着急，不要为我担忧。我算定这信到你身边时，至迟十来天也就可以回到北平了。这信到辰州方能发出，辰州上浦市两天，浦市过家乡还得坐轿子两天，我在家蹲三天四天，下来有十一天可到北平，故总拢来算算，减去这信在路上的日子，这信到你手边十天后，我也一定可以到北平的。应当这么估计。

---

[1] 即半个钟头，下文同此。

冷得很，我手也木了，等等再写。

三三，我们的船挂了篷，人不必上岸拉，不必用手摇结冰的篙桨，自动的在水面跑了。走得很快，很稳。水手便在火灶旁说笑话。我听他们说了半点钟。

现在还是用帆，风大了些，船也斜斜的。你若到这里来一定怕得喊叫，因为船在水面全是斜的，船边贴水不到一寸。但放心，这船是不作兴入水的。这小船好处在此，上下行全无危险。分量轻，码子小，吃水浅，因此来去自如。我嫌帆小了些，故只想让他们把被单也加上去。但办不到，因为天气太冷了，做什么皆极其费事的。现在还大落子子雪，同雨一样，比雨讨嫌。船上一切皆起了一层薄薄的冰，哑哑的返着薄光。两个水手在灶边烤火，一个舵手就在后梢管绳子同舵把。风景美得很，若人不忙，还带了些酒来，想充雅人，在这船上一定还可作诗的。但我实在无雅兴。我只想着早到早离开。

我苹果还剩八个，这就是说，我只吃了两个，送了别人两个，其余还好好的保留下来，预备送家中人吃。九九那个大的也还好好的在箱子里。我们忘了带点甜东西了，实在应当带些饼干，方能把这日子一部分用牙齿嚼掉。船上冬天最需要的恐怕便是饼干，水果全不想吃。我很想得点稀饭吃，因为不方便也就不要求水手做了。

十二点

  这时船已到了柳林岔，多美丽！地方出金子，冬天也有人在水中淘金子！我生平还是第一次看到这样好看地方的。气派大方而又秀丽，真是个怪地方。千家积雪，高山皆作紫色，疏林绵延三四里，林中皆是人家的白屋顶。我船便在这种景致中，快快的在水面上跑。我为了看山看水，也忘掉了手冷身上冷了。什么唐人宋人画都赶不上。看一年也不会讨厌。船就要上滩了，我等等再写。这信让四丫头先看，因为她看了才会把她的送你看。

二哥
十五下二时半

□ 泊缆子湾

（一九三四年一月十五日第二信）

十五日下午七点十分

我的小船已泊定了。地方名"缆子湾"，专卖缆子的地方。两山翠碧，全是竹子。两岸高处皆有吊脚楼人家，美丽到使我发呆。并加上远处叠嶂，烟云包裹，这地方真使我得到不少灵感！我平常最会想象好景致，且会描写好景致，但对于当前的一切，却只能做呆二了。一千种宋元人作桃源图也比不上。

我已把晚饭吃过了，吃了一碗饭、三个鸡子、一碗米汤、一段腊肝。吃得很舒服，因此写信时也从容了些。下午我为四丫头写了个信。我现在点了两支蜡烛为你写信，光抖抖的，好像知道我要写些什么话，有点害羞的神气。我写的是……别说了，我不害羞烛光可害羞！

三三，你看了我很多的信了，应当看得出我每个信的心情。我有时写得很乱，也就是心正很乱。譬如现在呢，我心静静的，信也当静静地写下去。吃饭以前我校过几篇《月下小景》，细细地看，方知道原来我文章写得那么细。这些文章有些方面真是旁人不容易写到的。我真为我自己的能力着了惊。但倘若这认识并非过分的骄傲，我将说这能力并非什么天才，却是耐心。我把它写得比别人认真，因此也就比别人好些的。我轻视天才，却愿意人明白我在写作方面是个如何用功的人。

我还在打量，看如何一来方把我发展完全，不至于把力量糟蹋到其他小事上去。同时还有你，你若用心些，你的成就同我将是一样的。我希望你比我还好，你做得到，一定做得到。我心太杂乱，只有写作能消耗掉。你单纯统一，比我强。

你接到这信时，一定先六七天就接到了我的电报。我的电一定将使你为难。我知道家中并无什么钱。上海那百块钱纵来了，家中这个月就处处要钱用。你一定又得为我借债，一定又得出面借债！想起这些事我很不安。我记起了你给我那两百块钱，钱被九九拿去做学费了，你却两手空空的在青岛同我蹲下去。结婚时又用了你那么多钱。我们两人本来不应当分什么了的。但想起用了那么多钱，三三到冬天来还得穿那件到人家吃茶时不敢脱下的大衣，你想，我怎么好过。三三，我这时还想起许多次得罪你的地方，我眼睛是湿的，模糊了的。我觉得很对不起你。我的人，倘若这时节我在你身边，你会明白我如何爱你！想起你种种好处，我自己便软弱了。我先前不是说过吗？"你生了我的气时，我便特别知道我如何爱你。"现在你并不生我的气，现在你一定也正想着远远的一个人。我眼泪湿湿地想着你一切的过去！

三三，我想起你中公时的一切，我记起我当年的梦，但我料不到的是三三会那么爱我！让我们两个人永远那么要好吧。我回来时，再不会使你生气面壁了。我在船上学得了反省，认清楚了自己种种的错处。只有你，方那么懂我并且原谅我。

我因为冷得很，已把被盖改变了一下，果然暖多了。我已不怎么冷了，睡觉时把衣脱去，一定更暖和了。我们的船傍着一大堆船停泊的，隔船有念书的、唱戏的、说笑话的。我船上水手，则卧在外舱吃鸦片烟，一面吃烟还是一面骂野话。船轻轻地摇摆着，烛光一跳一跳，我猜想你们也正把晚饭吃过为我算着日子。

我一哭了，便心中十分温柔。

我还有五天在这小船上，至少得四天。明天我预备做事了。

我希望到了家中，就可看到我那篇论海派的文章，因为这是你编的……我盼望梦里见你的微笑。

十五下

三三，船旁拢了一只麻阳船，一个人在用我那地方口音说话，我真想喊他一声！

还有更动人的是另一个人正在唱"高腔"，声音韵极了。动人得很！

你以为我舱里乱七八糟是不是？我不许你那么猜。正相反，我的舱中太干净了，一切皆放光，一切并且极有秩序，是小船上规矩！明天若有太阳，我当为这小舱照个相寄给你。照片因天气不好，还不开始用它。只是今天到柳林岔时，景致太美，便不问光线如何在船头照了一张……

我听到隔船那同乡"果囊""果条伢哉""果才蠢喃"，我真想问问他是"哪那的"[1]人。三三，乡音还不动人，还有小孩的哭声，这小孩子一定也是"果囊"人的。哭的声音也有地方性，有强烈个性！

---

[1] 片段凤凰话，意思是：那里，那个孩子，这真蠢，哪里的。

□ 今天只写两张

（一九三四年一月十六日第一信）

十六日上午九点

现在已九点钟，小船还不开动，大雪遮盖了一切，连接了天地。我刚吃过饭。我有点着急，但也明白空着急毫无益处。晚上又睡不好。同你离开后就简直不能得到一个夜晚的安睡。但并不妨事，精神可很好。七点左右我就起来看自己的书，校正了些错字，且反复检查了一会。《月下小景》不坏，用字顶得体，发展也好，铺叙也好。尤其是对话。人那么聪明！二十多岁写的。这文章的写成，同《龙朱》一样，全因为有你！写《龙朱》时因为要爱一个人，却无机会来爱，那作品中的女人便是我理想中的爱人。写《月下小景》时，你却在我身边了。前一篇男子聪明点，后一篇女子聪明点。我有了你，我相信这一生还会写得出许多更好的文章！有了爱，有了幸福，分给别人些爱与幸福，便自然而然会写得出好文章的。对于这些文章我不觉得骄傲，因为等于全是你的。没有你，也就没有这些文章了。而且是习作，时间还多呐。

我今天想做点事，写两篇短论文，好在辰州时付邮。故只预备为你写两张信。我的小船已开动了，看情形，到家中至少还得七天。我发现所带的信纸太少了，在路上就会完事，到家后不知用什么来写信。我忘了告你把信寄存到辰州邮局的办法了，若早记着这一种办法，则我船到辰州时，可看到你几封信，从家中回辰时，又可接到你一大批信了。多有你些信，我在路上也一定好过些。

我真希望你梦里来找寻我，沿河找那黄色小船！在一万只船中找那一只。好像路太远了点，梦也不来。我半夜总为怕人的梦惊醒，心神不安，不知吃什么就好些。我已买了一顶绒帽，同我两人在前门大街看到的一样，花去了四角钱。还不能得一双棉鞋，就因为桃源地方各处便买不出棉鞋。我也许到辰州便坐轿子回去，因为轿子到底快一些。坐轿人可苦一点，然而只要早到早回，苦点也不在乎了。天气太冷，空气也仿佛就要结冰的样子。乡村有鸡叫，鸡声也似乎寒冷得很。来得不凑巧，想不到南方的冷比北方还坏些。

又有了橹歌。简直是诗！在这些歌声中我的心皆发抖，它好像在为我唱的，为爱而唱的。事实上是为了劳动而自得其乐唱的。下水船摇橹不费事！

船坐久了心也转安静，但我还是受不了的。每一桨下去，我皆希望它去得远一点，每一篙撑去，我皆希望它走得快一点。但一切无办法。水太急了，天气又太冷。

今天小船还得上一个大滩，也许我就得上岸走路。这滩上照例有若干大船破碎不完的搁在浅水中，照例每天有船坏事。你可放心，这全是大船出的乱子，小船分量轻，面积小，还无资格搁在那地方的！并且上水从河边走，更无所谓危险。这信到你手边时，过三四天我一定又坐着这样小船在下滩了。那滩名"青浪滩"，问九九，九九知道。滩长廿五里，不到十分钟可以下完。原信旁注："共四十里廿分钟直下，好险！"至于上去，可就麻烦了，有时一整天。大船上去得一整天，小船则两三个钟头够了。天气好些，我当照个相，送给你领略一下，将来上行时有个分寸。四丫头一定不怕这种滩水，因为她的大相在旅行中还是笑眯眯的。

我小船已上一小滩了，水吼得吓人，浪打船边舱板很重。我不怕，我不怕。有了你在我心上，我不拘做什么皆不吓怕了。你还料不到你给了我多少力气和多少勇气。同时你这个人也还不很知道我如何爱你的。想到这里我有点小小不平。

我今天恐不能为你作画了，我手冻得发麻，画画得出舱外风中去，更容易把手冻僵，故今天不拿铅笔。山同水越到上面也越好，同时也似乎因为太奇太好，更不能画它了。你若见到了这里的山，你就会觉得崂山那些地方建筑房子太可笑了。也亏山东人好意思，把那些地方也当成好风景，而且作为修仙学道的地方。真亏他们。你明年若可以离开北京了，我们两人无论如何上来一趟，到辰州家中住一阵，看看这里不称为风景的山水，好到什么样子。我还希望你有机会同我到凤凰住住，你看那些有声有色的苗人如何过日子！

三三，我的小船快走到妙不可言的地方了，名字叫"鸭窠围"，全河是大石头，水却平平的，深不可测。石头上全是细草，绿得如翠玉，上面盖了雪。船正在这左右是石头的河中行走。"小阜平冈"，我想起这四个字。这里的小阜平冈多着……

二哥

一月十六十点

□ 第三张

（一九三四年一月十六日第二信）

十六日十一点

我不是说今天只预备写两页信吗？这不成的。两岸雀鸟叫得动人得很，我学它们叫，文章也写不下去了。现在我已学会了一种曲子，我只想在你面前来装成一只小鸟，请你听我叫一会子。南边与北方不同的地方也就在此，南方冬天也有莺、画眉、百舌。水边大石上，只要天气好，每早就有这些快乐的鸟，踞在上面晒太阳，很自得地啭着喉咙。人来了，船来了，它便飞入岸边竹林里去。过一会，又在竹林里叫起来了。从河中还常常可以看到岸上有黄山羊跑着，向林木深处窜去。这些东西同上海法国公园养的小獐一个样子，同样的色泽，同样的美而静，不过黄羊胖一点点罢了。

你还记得在崂山时看人死亡报庙时情形没有？一定还好好记得。

我为那些印象总弄得心软软的。那真使人动心，那些吹唢呐的，打旗帜的，戴孝的，看热闹的，以至于那个小庙，使人皆不容易忘掉。但你若到我们这里来，则无事不使你发生这种动人的印象。小地方的光、色、习惯、观念，人的好处同坏处，凡接触到它时，无一不使你十分感动。便是那点愚蠢、狡猾，也仿佛使你城市中人非原谅他们不可。不是有人常常问到我们如何就会写小说吗？倘若许我真真实实的来答复，我真想说："你到湘西去旅行一年就好了。"但这句话除了你恐怕无人相信得过。

你这人好像是天生就要我写信似的。见及你，在你面前时，我不知为什么就总得逗你面壁使你走开，非得写信赔礼赔罪不可。同你一离开，那就更非时时刻刻写信不可了。倘若我们就是那么分开了三年两年，我们的信一定可以有一箱子了。我总好像要同你说话，又永远说不完事。在你身边时，我明白口并不完全是说话的东西，故还有时默默的。但一离开，这只手除了为你写信，别的事便无论如何也做不好了。可是你呢？我还不曾得到你一个把心上挖出来的信。我猜想你寄到家中的信，也一定因为怕家中人见到，话说得不真。若当真为了这样小心，我见到那些信也看得出你信上不说、另外要说的话。三三，想起我们那么好，我真得轻轻的叹息，我幸福得很，有了你，我什么都不缺少了。

二哥

十六午前十一点廿分

□ 过梢子铺长潭

（一九三四年一月十六日第三信）

十六下二点零五分

　　船已上了第一个大滩，你见了那滩会不敢睁眼睛。我在急流中画了三幅画，照了三个相。光线不好，恐怕照不出什么。至于画的画，不过得其仿佛罢了。现在船已到长潭中了，地方名"梢子铺"。泊了许多不敢下行的大船，吊脚楼整齐得稀有少见，全同飞阁一样，去水全在三十丈以上，但夏天发水时，这些吊脚楼一定就可以泊船了。你见到这些地方时，你真缺少赞美的言语。还有木筏，上面种青菜的东西，多美！

　　一到下午我就有点寂寞，做什么事皆不得法，我做了阵文章，没有意思，又不再继续了。我只是欢喜为你写信，我真是这样一个没出息的人……

我前面有木筏下来了，八个人扳桡，还有个小孩子。上面一些还有四个筏，皆慢慢的在下行，每个筏上四围皆有人扳桡。你想明白桡是什么，问问九妹，她说的必比我形容的还清楚。这些木筏古怪得有趣，上面有菜，有猪羊，还有特别弄来在筏上供老板取乐的。你若不见过，你不能想象它们如何好看、好玩！

　　我们的船既上了滩，在潭中把风篷扯满，现在正走得飞快，不要划它。水手们皆蹲在火边去了，我却推开了前舱门看景致，一面看一面伏在箱上为你写信。现在船虽在潭中走，四面却全是高山，同湖泊一样。这小船一直上去皆那么样，远山包了近山，水在山弯里找出路，一个陌生人见到，也许还以为在湖里玩的。可以说像湖里，水却不是玩的。山的倾斜度过大，面积过窄，水流太速，虽是在潭中，你见了也会头晕的。

　　……

　　我的船又在上小滩了，滩不大，浪也不会到船上来，我还依然能够为你写信……路上并无收信处，我已积存了七封信，到辰州时一定共有十封信发出。我预备一大堆放在一个封套中当快信发出。

　　我的小船不是在小滩上吗？差一点出了事了。船掉头向下溜去，倒并无什么危险，只是多费水手些力罢了。便因为这样，前后的水手就互相骂了六七十句野话。船上骂野话不作兴生气，这很有意思。并且他们那么天真烂漫的骂，也无什么猥亵处，真是古怪的事。

这船上主要的水手有三块四毛钱一趟的薪水，每月可划船两趟。另一学习水手八十吊钱一年，也可以说一块钱一个月，事还做得很好。掌舵的从别处租船来划，每年出钱两百吊，或百二十吊，约合卅块钱到二十四块钱。每次他可得十五元运费，带米一两石又可赚两元，每次他大约除开销外剩五元，每月可余十来块钱。但这人每天得吃三百钱烟，因此驾船几十年，讨个老婆无办法，买条值洋三十元的小船也无办法。想想他们那种生活，真近于一种奇迹！

我这信写了将近一点钟了，我想歇歇，又不愿歇歇。我的小船正靠近一只柴船，我看到一个人穿青羽绫马褂在后梢砍柴，我看准了他是个船主。我且想象得出他如何过日子，因为这人一看（从船的形体也可看出）是麻阳人，麻阳人的家庭组织生活观念，我说起来似乎比他们自己还熟悉一点。麻阳人不讨嫌，勇敢直爽耐劳皆像个人，也配说是个人。这河里划船的麻阳人顶多，弄大船，装油几千篓，尤其非他们不可。可是船多货少，因此这些船全泊在大码头上放空，每年不过一回把生意，谁想要有那么一只船，随时皆可以买到的。许多船主前几年弄船发了财的，近几年皆赔了本。想支持下去，自己就得兼带做点生意，但一切生意皆有机会赔本，近些日子连做鸦片烟生意的也无利可图，因此多数水面上人生活皆很悲惨，并无多少兴致。这种现象只有一天比一天坏，故地方经济真很使人担心。若照这样下去，这些人过一阵便会得到一个更悲惨的境遇的。我还记得十年前这河里的情形，比现在似乎是热闹不少的。

今天也许因为冷些，河中上行的船好像就只我的小船，一只小到不过三丈的船，在那么一条河中走动，船也真有点寂寞之感！我们先计划四天到辰州，失败了，又计划五天到辰州，又失败了。现在看情形也许六天，或七八天方可到辰州了……我想起真难受。

二哥

十六三点廿五

⬛ 夜泊鸭窠围

（一九三四年一月十六日第四信）

十六日下午六点五十分

我小船停了，停到鸭窠围。中时候写信提到的"小阜平冈"应当名为"洞庭溪"。鸭窠围是个深潭，两山翠色逼人，恰如我写到翠翠的家乡。吊脚楼尤其使人惊讶，高矗两岸，真是奇迹。两山深翠，唯吊脚楼屋瓦为白色，河中长潭则湾泊木筏廿来个，颜色浅黄。地方有小羊叫，有妇女锐声喊"二老""小牛子"，且听到远处有鞭炮声与小锣声。到这样地方，使人太感动了。四丫头若见到一次，一生也忘不了。你若见到一次，你饭也不想吃了。

我这时已吃过了晚饭，点了两支蜡烛给你写报告。我吃了太多的鱼肉。还不停泊时，我们买鱼，九角钱买了一尾重六斤十两的鱼，还是顶小的！样子同飞艇一样，煮了四分之一，我又吃四分之一的四分之一，已吃得饱饱的了。我生平还不曾吃过那么新鲜那么嫩的鱼，我并且第一次把鱼吃个饱。味道比鲥鱼还美，比豆腐还嫩，古怪的东西！我似乎吃得太多了点，还不知道怎么办。

可惜天气太冷了，船停泊时我总无法上岸去看看。我欢喜那些在半天上的楼房。这里木料不值钱，水涨落时距离又太大，故楼房无不离岸卅丈以上，从河边望去，使人神往之至。我还听到了唱小曲声音，我估计得出，那些声音同灯光所在处，不是木筏上的篙头在取乐，就是有副爷们船主在喝酒。妇人手上必定还戴得有镀金戒子。多动人的画图！提到这些时我是很忧郁的，因为我认识他们的哀乐，看他们也依然在那里把每个日子打发下去，我不知道怎么样总有点忧郁。正同读一篇描写西伯利亚方面农人的作品一样，看到那些文章，使人引起无言的哀戚。我如今不止看到这些人生活的表面，还用过去一分经验接触这种人的灵魂。真是可哀的事！我想我写到这些人生活的作品，还应当更多一些！我这次旅行，所得的很不少。从这次旅行上，我一定还可以写出很多动人的文章！

三三，木筏上火光真不可不看。这里河面已不很宽，加之两面山岸很高（比崂山高得远），夜又静了，说话皆可听到。羊还在叫。我不知怎么的，心这时特别柔。我悲伤得很。远处狗又在叫了，且有人说，"再来，过了年再来！"一定是在送客，一定是那些吊脚楼人家送水手下河。

风大得很，我手脚皆冷透了，我的心却很暖和。但我不明白为什么原因，心里总柔软得很。我要傍近你，方不至于难过。我仿佛还是十多年前的我，孤孤单单，一身以外别无长物，搭坐一只装载军服的船只上行，对于自己前途毫无把握，我希望的只是一个四元一月的录事职务，但别人不让我有这种机会。我想看点书，身边无一本书。想上岸，又无一个钱。到了岸必须上岸去玩玩时，就只好穿了别人的军服，空手上岸去，看看街上一切，欣赏一下那些小街上的片糖，以及一个铜元一大堆的花生。灯光下坐着扯得眉毛极细的妇人。回船时，就糊糊涂涂在岸边烂泥里乱走，且沿了别人的船边"阳桥"渡过自己船上去，两脚全是泥，刚一落舱还不及脱鞋，就被船主大喊："伙计副爷们，脱鞋呀。"到了船上后，无事可做，夜又太长，水手们爱玩牌的，皆蹲坐在舱板上小油灯下玩牌，便也镶拢去看他们。这就是我，这就是我！三三，一个人一生最美丽的日子，十五岁到廿岁，便恰好全是在那么情形中过去了，你想想看，是怎么活下来的！万想不到的是，今天我又居然到这条河里，这样小船上，来回想温习一切的过去！更想不到的是，我今天却在这样小船上，想着远远的一个温和美丽的脸儿，且这个黑脸的人儿，在另一处又如何悬念着我！我的命运真太可玩味了。

　　我问过了划船的，若顺风，明天我们可以到辰州了。我希望顺风。船若到得早，我就当晚在辰州把应做的事做完，后天就可以再坐船上行。我还得到辰州问问，是不是云六[1]已下了辰。若他在辰州，

_____

[1] 即作者的大哥沈云六。

我上行也方便多了。

现在已八点半了，各处还可听到人说话，这河中好像热闹得很。我还听到远远的有鼓声，也许是人还愿。风很猛，船中也冰冷的。但一个人心中倘若有个爱人，心中暖得很，全身就冻得结冰也不碍事的！这风吹得厉害，明天恐要大雪。羊还在叫，我觉得稀奇，好好的一听，原来对河也有一只羊叫着，它们是相互应和叫着的。我还听到唱曲子的声音，一个年纪极轻的女子喉咙，使我感动得很。我极力想去听明白那个曲子，却始终听不明白。我懂许多曲子。想起这些人的哀乐，我有点忧郁。因这曲子我还记起了我独自到锦州，住在一个旅馆中的情形。在那旅馆中我听到一个女人唱大鼓书，给赶骡车的客人过夜，唱了半夜。我一个人便躺在一个大炕上听窗外唱曲子的声音，同别人笑语声。这也是二哥！那时节你大概在暨南读书[1]，每天早上还得起床来做晨操！命运真使人惘然。爱我，因为只有你使我能够快乐！

二哥

我想睡了。希望你也睡得好。

十六下八点五十

---

[1] 指暨南大学女子部（中学），在南京。

◻ 第八张

（一九三四年一月十六日第五信）

十六日下午九时

　　我把船舱各处透风地方皆用围巾、手巾、书本、长衫塞好后，应当躺到冷被中睡觉了，一时却不想睡。与其冷冰的躺在舱板上听水声，不如拥被坐着，借烛光为你写信较好。我今天快写到八张了，白日里还只说预备写两张。倘若这是罪过，这罪过应各个人负一半责……

　　今夜里风特别大了些，一个人坐在舱里，对着微抖的烛光，作着客中怀人的神气，也有个味儿。我在为你计算，这时你同九妹也许还在炉边同张大姐谈话……也许在估计我的行程，猜想我在小船上的生活，但你绝想不到我现在还正在为你写信！我希望你记得有日记，因为记下了些你的事情，到我回来时，我们就可以对照，看同一天你做了些什么，想了些什么，我又做了些什么，想到些什么……

现在河中还有人说话，还可隐约听到远处的鼓声，我寂寞得很。这里水没有声音，但船的摇荡却可以从感觉中明白。有时这小船还忽然一搁，也许是大鱼头碰着船底的。我相信船边一定有鱼，因为吃晚饭时我倒了些残饭到水中，这时就听得明明白白，水中有种声音。

我太冷了，管他能睡不能睡，我只好躺下去。到了半夜若又冷醒了，实在睡不着时，我便再爬起来写信。说起写信，我记起了两年前或一年前的情形来了，比一比，我便觉得现在太幸福了。

二哥

十六下九点五十分

▫ 梦无凭据

（一九三四年一月十六日第六信）

一月十六下十点

我脱了衣又披起衣来写信了。天气太冷，睡不下去，还不如这样坐起来同你写点什么较好。我不想就睡，因为梦无凭据，与其等候梦中见你，还不如光着眼睛想你较好！你现在一定睡了，你倘若知道我在船上的情形，一定不会睡着的。你若早知道小船上一堆日子是怎样过的，也许不会让我一个人回家的。我本来身体很疲倦，应得睡了，但想着你，心里却十分清醒。我抓我自己的头发，想不出个安慰自己的方法。我很不好受。

二哥

十六日下十点十分

☐ 鸭窠围的梦

（一九三四年一月十七日第一信）

十七日上六点十分

五点半我又醒了，为恶梦吓醒的。醒来听听各处，世界那么静。回味梦中一切，又想到许多别的问题。山鸡叫了，真所谓百感交集。我已经不想再睡了。你这时说不定也快醒了！你若照你个人独居的习惯，这时应当已经起了床的。

我先是梦到在书房看一本新来的杂志，上面有些稀奇古怪的文章，后来我们订婚请客了，在一个花园中请了十个人，媒人却姓曾。一个同小五哥年龄相仿佛的中学生，但又同我是老同学。酒席摆在一个人家的花园里，且在大梅花树下面。来客整整坐了十位，只其中曾姓小孩子不来，我便去找寻他，到处找不着，再赶回来时客全跑了，只剩下些粗人，桌上也只放下两样吃的菜。我问这是怎么回

062

事，方知道他们等客不来，各人皆生气散了。我就赶快到处去找你，却找不到。再过一阵，我又似乎到了我们现在的家中房里，门皆关着，院子外有狮子一只咆哮，我真着急。想出去不成，想别的方法通知一下你们也不成。这狮子可是我们家养的东西，不久张大姐（她年纪似乎只十四岁）拿生肉来喂狮子了，狮子把肉吃过就地翻筋斗给我们看。我同你就坐在正屋门限上看它玩一切把戏，还看得到好好的太阳影子！再过一阵我们出门野餐去了，到了个湖中央堤上，黄泥做成的堤，两人坐下看水，那狮子则在水中游泳。过不久这狮子理着项下长须，它变成了同于右任差不多的一个胡子了……

醒来只听到许多鸡叫，我方明白我还是在小船上。我希望梦到你，但同时还希望梦中的你比本来的你更温柔些。可是我成天上滩，在深山长潭里过日子，梦得你也不同了。也许是鲤鱼精来做梦，假充你到我面前吧。

这时真静，我为了这静，好像读一首怕人的诗。这真是诗。不同处就是任何好诗所引起的情绪，还不能那么动人罢了。这时心里透明的，想一切皆深入无间。我在温习你的一切。我真带点儿惊讶，当我默读到生活某一章时，我不止惊讶。我称量我的幸运，且计算它，但这无法使我弄清楚一点点。你占去了我的感情全部。为了这点幸福的自觉，我叹息了。

倘若你这时见到我，你就会明白我如何温柔！一切过去的种种，它的结局皆在把我推到你身边心上，你的一切过去也皆在把我拉近你身边心上。这真是命运。而且从二哥说来，这是如何幸运！我还要说的话不想让烛光听到，我将吹熄了这支蜡烛，在暗中向空虚去说。

二哥

□ 鸭窠围清晨

（一九三四年一月十七日第二信）

这时已七点四十分了，天还不很亮。两山过高，故天亮较迟。船上人已起身，在烧水扫雪，且一面骂野话玩着。对于天气，含着无可奈何的诅咒。木筏正准备下行，许多从吊脚楼上妇人处寄宿的人，皆正在下河，且互相传着一种亲切的话语。许多筏上水手则各在移动木料。且听到有人锐声装女人无意思的天真烂漫地唱着，同时便有斧斤声和锤子敲木头的声音。我的小船也上了篷，着手离岸了。

昨晚天气虽很冷，我倒好。我明白冷的原因了。我把船舱通风处皆堵塞了一下，同时却穿了那件旧皮袍睡觉。半夜里手脚皆暖和得很，睡下时与起床时也很舒服方便。我小船的篷业已拉起，在潭里移动了。只听到人隔河岸"牛保，牛保，到哪囊去了？"河这边等了许久，方仿佛从吊脚楼上一个妇人被里逃出，爬在窗边答着："宋宋，宋宋，你喊哪样？早咧。""早你的娘！""就算早我的娘！"最后一句话不过是我想象的，因为他已沉默了，一定又即刻回到床上去了。我还估想他上床后就会拧了一下那妇人，两人便笑着并头睡下了的。这分生活真使我感动得很。听到他们的说话，我便觉得我已经写出的太简单了。我正想回北京时用这些人做题材，写十个短篇，或我告给你，让你来写。写得好，一定是种很大的成功。这时我们的船正在上行，沿了河边走去，许多大船同木筏，昨晚停泊在上游一点的，也皆各在下行。我坐在舱中，就只听到水面人语声，以及橹桨搅水声，与橹桨本身被推动时咿咿呀呀声。这真是圣境。我出去看了一会儿，看到这船筏浮在水面，船上还扬着红红的火焰同白烟，两岸则高矗而上，如对立巨魔，颜色墨绿。不知什么地方有老鸦叫着出寨，不知什么地方有鸡叫着，且听得着岸旁有小水鸡吱吱吱吱的叫，不知它们是种什么意思，却可以猜想它们每早必这样叫一大阵。这点印象实实在在值得受份折磨得到它。

　　我正计算了一阵日子。我算作八号动身，应在下月七号到地见你。今天我已走了十天，至多还加个五天我必可到家。若照船上人说来，他们包我下行从浦市到桃源作三天（这一段路上行我们至少需八天），从桃源到常德一天，从常德到长沙一天，从长沙到汉口一天，汉口停一天，再从汉口到北平两天，加上从我家回到浦市两天，则路上共需十一天。共加拢来算算，则我可在家中住四天。恐怕得多住一天，则汉口我不耽搁，时间还是一样的……今天十七，我快则二十天后可以见你，慢也不过二十三天，我希望至迟莫过十号，我们可以在北京见面。我希望这次回到家中，可以把你一切好处让家中人知道，我还希望为你带些有趣味的东西，同家中人对你的好意给你。我一到家一定就有人问："为什么不带张妹来？"我却说："带来了，带来了。"我带来的是一个相片，我送他们相片看。事实上则我当真也把你带来了，因为你在我的心上！不过我不会把这件事告给人，我不让他们从这个事情上得到一个发笑的机会。一个人过分吝啬本不是件美德，我可不能不吝啬了。

今天风好像不很大，船会赶不到辰州。然而至多明天我总可到辰州的。我一到地就有两件事可做，第一是打电话回去，告大哥我已到了辰州，第二是打电报给你希望你把钱寄来。我这次下行，算算有九十块钱已够了，但我希望手边却有一百廿块钱，因为也许得买点东西回北京来送人。这里许多东西皆是北京人的宝贝，正如同北京许多东西是这里宝贝一样。我动身时一定有人送我小东小西，我真盼望所有东西全是可以使你欢喜的，或转送四丫头，使四丫头惊奇的。

这时已八点四十，天还黯黯的。也许这小表被我拨快了一些，也许并不是小表的罪过。从这次上行的经验看来，不拘带什么皆不会放坏，故下行时也许还可以为你带些古怪食物！九九是多年不吃冻菌了的，我预备为她带些冻菌。你欢喜酸的，我预备请大嫂为你炒一罐胡葱酸。四丫头倾心苗女人，我可以为她买一块苗妇人手做的冻豆腐。时间若许我从容些，我还能同三哥到乡下去赶次场，说不定我尚可为四丫头带点狗肉来。我想带的可太多了，一个火车厢恐怕也装不下。

正因为这样子，或者我一样不带。

我忘了问张大姐要些什么了。请先告她，我若到苗乡去，当为她带个苗人用的顶针或针筒来。我那里针筒皆镂花，似乎还不坏。我还听同乡说本城酱油已出名，且成为近日来运销出口的一种著名东西，下可以到长沙，上可以到川东黔省，真想不到。我无论如何总为你们带点酱油来的。

九点四十五分，我小船停泊在一个滩乱石间，大家从从容容吃过了早饭。又吃鱼。吃了饭后船上人还在烤烤火，我就画了一个对河的小景。对河有人家处色泽极其美丽，名为"打油溪"。还有长长的墙垣，一定就是油坊。住在这种地方不作诗却来打油，古怪透了。画刚打好稿子，船就开了。今天小船还应上两个大滩，"九溪"同"横石"，这滩还不很难上，可是天气怪冷，水手真苦。说不定还得落水去拉船。近辰州时又还有个长十里的急流，无风时也很费事。今天风不好，不能把船送走，故看情形还赶不到辰州。我希望明天上半天可到，用半天日子做一切事，后天就可上行。我还希望到了辰州可以从电话中谈几句话，告他一切，也让他们放心些，不然收到了你的信后，却不见我到家，岂不稀奇。

今天更冷，应当落大雪了，可是雪总落不下来。南方天气我疏远得太久了，如今看来同看一本新书一样，处处不像习惯所能忍受的样子，我若到这些地方长住下去，性格一定沉郁得很了。但一到春天，这里可太好了。就是这种天气，山中竹雀画眉依然叫得很好，一到春天，是可想而知的。

▫ 歪了一下

（一九三四年一月十七日第三信）

一月十七日上午十点卅五分

这河水可不是玩意儿。我的小船在滩上歪了那么一下，一切改了样子，船进了点水，墨水全泼尽了，书、纸本子、牙刷、手巾，全是墨水。许多待发的信封面上也全是墨水。箱子侧到一旁，一切家伙皆侧到一旁，再来一下可就要命。但很好，就只那么一次危险。很可惜的是掉了我那支笔，又泼尽了那瓶墨水，信却写不成了。现在的墨水只是一点点瓶底残余，笔却是你的自来水笔。更可惜的是还掉了一支……你猜去吧。

这是我小船第一次遇险，等等也许还得有两次这种事情，但不碍事，"吉人天相"，决不会有什么大事。很讨厌的是墨水已完，纸张又湿，我的信却写不成了。我还得到辰州去补充一切，不然无法再报告你一切消息。好在残余的墨水至少总还可以够我今天用它，到了明天，我却已可以买新的墨水了。在危险中我本来还想照个相，这点从容我照例并不缺少的，可是来不及照相，我便滚到船一边了。说到在危险中人还从从容容，我记起了十二年前坐那军服船上行，到一个名为"白鸡关"的情形来了。那时船正上滩，忽然掉了头，船向下溜去。船既是上行的，到上滩时照例所有水手皆应当去拉纤，船上只有一个拦头一个掌梢的，两个人在急滩上驾只大船可不容易，因此在斜行中船就乓的同石头相磕，顷刻之间船已进了水，且很快的向下溜去。我们有三个朋友在船上，两人皆吓慌了，我可不在乎。我看好了舱板同篙子，再不成，我就向水中跳。但很好，我们居然不用跳水还拢了岸，水过船面两寸许，只湿了我们的脚。一切行李皆拿在手上，一个小包袱，除了两只脚沾了点水以外，什么也不湿。故这次打船经验可以说是非常合算的。我们还在那河滩上露宿一夜，可以说干赚得这一夜好生活！这次坐的船太小了点，还无资格遇这种危险，你不用为我担心，反应为我抱屈，因为多有次危险经验，不是很有意思的事么？

那支笔我觉得有点可惜，因为这次旅行的信，差不多全是它写的。现在大致很孤独的卧在深水里，间或有一只鱼看到那么一个金色放光的笔尖，同那么一个长长的身体，觉得奇异时，会游过去嗅嗅，又即刻走开了。想起它那躺在深水里慢慢腐去，或为什么石头压住的情形，我这时有点惆怅。凡是我用过的东西，我对它总发生一种不可言说的友谊，我不知道这是什么原因。

　　我们的船又在上滩了，不碍事，我心中有你，我胆儿便稳稳的了。眼看到一个浪头跟着一个浪头从我船旁过去，我不觉得危险，反而以为你无法经验这种旅行极可惜。

　　又有了橹歌，同滩水相应和，声音雍容典雅之至。我歇歇，看看水，再来告你。我担心墨水不够我今天应用，故我的信也好像得悭吝一些了。

二哥

十七日上十一点卅五分

☐ 滩上挣扎

（一九三四年一月十七日第四信）

　　我不说除了掉笔以外还掉了一支⋯⋯吗？我知道你算得出那是一支牙骨筷子的。我真不快乐，因为这东西总不能单独一支到北平的。我很抱歉。可是，你放心，我早就疑心这筷子即或有机会掉到河中去，它若有小小知觉，就一定不愿意独自落水。事不出我所料，在舱底下我又发现它了。

　　今天我小船上的滩可特别多，河中幸好有风，但每到一个滩上，总仍然很费事。我伏卧在前舱口看他们下篙，听他们骂野话。现在已十二点四十分，从八点开始只走了卅多里，还欠七十里，这七十里中还有两个大滩、一个长滩，看情形又不会到地的。这条河水坐船真折磨人，最好用它来做性急人犯罪以后的处罚。我希望这五点钟内可以到白溶下面泊船，那么明天上午就可到辰州了。这时船又在上一个滩，船身全是侧的，浪头大有从前舱进自后舱出的神气，水流太急，船到了上面又复溜下。你若到了这些地方，你只好把眼睛紧紧闭着。这还不算大滩，大滩更吓人！海水又大又深，但并不吓人，仿佛很温和。这里河水可同一股火样子，太热情了一点，好像只想把人攫走，且好像完全凭自己意见做去。但古怪，却是这些弄船人。他们逃避急流同漩水的方法可太妙了，不管什么情形他们总有办法避去危险。到不得已时得往浪里钻，今天已钻三回，可是又必有方法从浪里找出路。他们逃避水的方法，比你当年避我似乎还高明。他们明白水，且得靠水为生，却不让水把他们攫去。他们比我们平常人更懂得水的可怕处，却从不疏忽对于水的注意。你实在还应当跟水手学两年，你到之江避暑，也就一定有更多情书可看了。

……

我离开北京时，还计划到，每天用半个日子写信，用半个日子写文章。谁知到了这小船上，却只想为你写信，别的事全不能做。从这里看来我就明白没有你，一切文章是不会产生的。先前不同你在一块儿时，因为想起你，文章也可以写得很缠绵，很动人。到了你过青岛后，却因为有了你，文章也更好了。但一离开你，可不成了。倘若要我一个人去生活，做什么皆无趣味，无意思。我简直已不像个能够独立生活下去的人。你已变成我的一部分，属于血肉、精神一部分。我人并不聪明，一切事情得经过一度长长的思索，写文章如此，爱人也如此，理解人的好处也如此。

你不是要我写信告爸爸吗？我在常德写了个信，还不完事，又因为给你写信把那信搁下不写了。我预备到辰州写，辰州忙不过来，我预备到本乡写。我还希望在本乡为他找得出点礼物送他。不管是什么小玩意儿，只要可能，还应当送大姐点。大姐对我们好处我明白，二姐的好处被你一说也明白了。我希望在家中还可以为她们两人写个信去。

三三，又上了个滩。不幸得很……差点儿淹坏了一个小孩子，经验太少，力量不够，下篙不稳，结果一下子为篙子弹到水中去了。幸好一个年长水手把他从水中拉起，船也侧着进了不少的水。小孩子被人从水中拉起来后，抱着桅子荷荷的哭，看到他那样子真有使人说不出的同情。这小孩就是我上次提到一毛钱一天的候补水手。

这时已两点四十五分，我的小船在一个滩上挣扎，一连上了五次皆被急流冲下，船头全是水，只好过河从另一方拉上去。船过河时，从白浪里钻过，篷上也沾了浪。但不要为我着急，船到这时业已安全过了河。最危险时是我用号时，纸上也全是水，皮袍也全弄糟了。这时船已泊在滩下等待力量的恢复，再向白浪里弄去。

这滩太费事了，现在我小船还不能上去。另外一只大船上了将近一点钟，还在急流中努力，毫无办法。风篷、纤手、篙子，全无用处。拉船的在石滩上皆伏爬着，手足并用的一寸一寸向前。但仍无办法。滩水太急，我的小船还不知如何方能上去。这时水手正在烤火说笑话，轮到他们出力时，他们不会吝惜气力的。

三三，看到吊脚楼时，我觉得你不同我在一块儿上行很可惜，但一到上滩，我却以为你幸好不同来，因为你若看到这种滩水，如何发吼，如何奔驰，你恐怕在小船上真受不了。我现在方明白住在湘西上游的人，出门回家家中人敬神的理由。从那么一大堆滩里上行，所依赖的固然是船夫，船夫的一切，可真靠天了。

我写到这里时，滩声正在我耳边吼着，耳朵也发木。时间已到三点，这船还只有两个钟头可走，照这样延长下去，明天也许必须晚上方可到地。若真得晚上到辰州，我的事情又误了一天，你说，这怎么成。

小船已上滩了，平安无事，费时间约廿五分。上了滩问问那落水小水手，方知道这滩名"骂娘滩"（说野话的滩），难怪船上去得那么费事。再过廿分钟我的小船又得上个名为"白溶"的滩，全是白浪，吉人天相，一定不有什么难处。今天的小船全是上滩，上了白溶也许天就夜了，则明天还得上九溪同横石。横石滩任何船只皆得进点儿水，劣得真有个样子。我小船有四妹的相片，也许不至于进水。说到四妹的相片，本来我想让它凡事见识见识，故总把它放在外边……可是刚才差点儿它也落水了，故现在已把它收到箱子里了。

小船这时虽上了最困难的一段，还有长长的急流得拉上去。眼看到那个能干水手一个人爬在河边石滩上一步一步的走，心里很觉得悲哀。这人在船上弄船时，便时时刻刻骂野话，动了风，用不着他做事时，就模仿麻阳人唱橹歌，风大了些，又模仿麻阳人打呵贺，大声的说：

"要来就快来，莫在后面挨，呵贺——

风快发，风快发，吹得满江起白花，呵贺——"

他一切得模仿，就因为桃源人弄小船的连唱歌喊口号也不会！这人也有不高兴时节，且可以说时时刻刻皆不高兴，除了骂野话以外，就唱：

"过了一天又一天，心中好似滚油煎。"

心中煎熬些什么不得而知，但工作折磨到他，实在是很可怜的。这人曾当过兵，今年还在沅州方面打过四回仗[1]，不久逃回来的。据他自己说，则为人也有些胡来乱为。赌博输了不少的钱，还很爱同女人胡闹，花三块钱到一块钱，胡闹一次。他说："姑娘可不是人，你有钱，她同你好，过了一夜钱不完，她仍然同你好，可是钱完了，她不认识你了。"他大约还胡闹过许多次数的。他还当过两年兵，明白一切做兵士的规矩。身体结实如二小的哥哥，性情则天真朴质。每次看到他，总很高兴的笑着。即或在骂野话，问他为什么得骂野话，就说："船上人作兴这样子！"便是那小水手从水中爬起以后，一面哭一面也依然在骂野话的。看到他们我总感动得要命。我们在大城里住，遇到的人即或有学问，有知识，有礼貌，有地位，不知怎么的，总好像这人缺少了点成为一个人的东西。真正缺少了些什么又说不出。但看看这些人，就明白城里人实实在在缺少了点人的味儿了。我现在正想起应当如何来写个较长的作品，对于他们的做人可敬可爱处，也许让人多知道些，对于他们悲惨处，也许在另一时多有些人来

――――――――――

[1] 今年指 1933 年。沅州即芷江。

注意。但这里一般的生活皆差不多是这样子，便反而使我们哑口了。

你不是很想读些动人作品吗？其实中国目前有什么作品值得一读？作家从上海培养，实在是一种毫无希望的努力。你不怕山险水险，将来总得来内地看看，你所看到的也许比一生所读过的书还好。同时你想写小说，从任何书本去学习，也许还不如你从旅行生活中那么看一次，所得的益处还多得多！

我总那么想，一条河对于人太有用处了。人笨，在创作上是毫无希望可言的。海虽俨然很大，给人的幻想也宽，但那种无变化的庞大，对于一个作家灵魂的陶冶无多益处可言。黄河则沿河都市人口不相称，地宽人少，也不能教训我们什么。长江还好，但到了下游，对于人的兴感也仿佛无什么特殊处。我赞美我这故乡的河，正因为它同都市相隔绝，一切极朴野，一切不普遍化，生活形式、生活态度皆有点原人意味，对于一个作者的教训太好了。我倘若还有什么成就，我常想，教给我思索人生，教给我体念人生，教给我智慧同品德，不是某一个人，却实实在在是这一条河。

我希望到了明年，我们还可以得到一种机会，一同坐一次船，证实我这句话。

……

我这时耳朵热着，也许你们在说我什么的。我看看时间，正下午四点五十分。你一个人在家中已够苦的了，你还得当家，还得照料其他两个人，又还得款待一个客人，又还得为我做事。你可以玩时应得玩玩。我知道你不放心……我还知道你不愿意我上岸时太不好看，还知道你愿意我到家时显得年轻点，我的刮脸刀总摆在箱子里最当眼处。一万个放心……若成天只想着我，让两个小妮子得到许多取笑你的机会，这可不成的。

我今天已经写了一整天了，我还想写下去。这样一大堆信寄到你身边时，你怎么办。你事忙，看信的时间恐怕也不多，我明天的信也许得先写点提要……

这次坐船时间太久，也是信多的原因。我到了家中时，也就是你收到这一大批信件时。你收到这信后，似乎还可发出三两个快信，写明"寄常德杰云旅馆曾芹轩代收存转沈从文亲启"。我到了常德无论如何必到那旅馆看看。

我这时有点发愁，就是到了家中，家中不许我住得太短。我也愿意多住些日子，但事情在身上，我总不好意思把一月期限超过三天以上。一面是那么非走不可，一面又非留不可，就轮到我为难时节了。我倒想不出个什么办法，使家中人催促我早走些。也许同大哥故意吵一架，你说好不好？地方人事杂，也不宜久住！

小船又上滩了，时间已五点廿分。这滩不很长，但也得湿湿衣服被盖。我只用你保护到我的心，身体在任何危险情形中，原本是不足惧的。你真使我在许多方面勇敢多了。

二哥

□ 泊杨家岨

（一九三四年一月十七日第五信）

　　船又上了个滩，名为"回师"。各处是大石头，船就从石头中过去。天保佑，船又安然上去了。到上游滩多了些，船却少了些，不大能够有机会听摇橹人歌声，山又似乎反而低些了。我至多明天就可到柏子停船的地方了，我一定得照个哪里水手的相来。我为这件事盼望明天有个好天气，且盼望辰州河边无积雪，却是一滩烂泥。因为柏子上岸胡闹那一天，正是飞毛毛雨的日子。那地方是我第一次出门离家，在外混日子的地方，悄悄地翻一个书记官的《辞源》，三个人各出三毛四分钱订《申报》，皆是那个地方。我最后见到我们那个可怜的爸爸，我小时候他爱我，长大时他教我的爸爸，也就是这个地方！这地方对我是太有意义了。我还穿过棉军服，每天到那地方南门口吃过汤圆，在河街上去鉴赏卖船上的檀木活车、钢钻、火镰等等宝贝。我的教育大部分从这地方开始，同时也从这地方打下我生活的基础。

一个人生活前后太不同，记忆的积累，分量可太重了。不管是曹雪芹那么先前豪华，到后落寞，也不管像我小时孤独，近来幸福，但境遇的两重，对于一个人实在太惨了。我直到如今，总还是为过去一切灾难感到一点忧郁。便是你在我身边，那些死去了的事，死去了的人，也仍然常常不速而至的临近我的心头，使我十分惆怅的。至于你，你可太幸福了。你只看到我的一面。你爱我，也爱的是这个从一切生活里支持过来，有了转机的我。你想不到我在过去，如何在一个陌生社会里打发一大堆日子，绝想不到！

小船再过半点钟就可以停泊了……不，即刻就得停泊了。船已到了"杨家岨"，又是吊脚楼，飞楼杰阁似的很悦目。小船傍在大石旁，只需一跳就可以上岸。岸上正有妇人说话，不知说些什么。这里已无雪，山头皆为棕色，远山则为紫色。地方静得很，无一只船，无一个人，无一堆柴。不知什么地方有人正在锤捣东西，一下一下的捣。对河也有人说话，且看不清楚人家。三三，我手全冻了，时间已六点卅五分，我想歇歇。我的舱口对风，还得把一切通风处塞塞，不然夜里又很冷。

这可不怕冷了，前舱竹篷已放下，风让了路，全不要紧了。船上已在煎鱼，油老后，哗的沙的一响，满舱皆是烟气。我喝了一碗米汤，加了点白糖，这东西算是我吃饭以外唯一的食物，也算是我唯一的饮料。我的蜡烛已点去三只，剩下两只大致刚可以到地。我到了湘西，方明白云六大哥对于他那手电筒宝贝的理由，所有城市一到夜里，街上皆是黑黑的。船傍小码头时尤其不成。有电筒，好处可多了。我忘了把我们家中那个东西带来。

船每天皆泊到小地方，我真有点点担心。今天的码头只有我的小船一只，孤零零的停顿到这地方，我真有点害怕。船上那些开过小差的水手，若误会了我箱中的东西，在半唱过"过了一天又一天"之余，也许真会转念头来玩新花样的。三三，这是说笑话的！这时又来了一只大船，且是向上行的。那水手已拿了我一串钱，上吊脚楼吃鸦片烟去了。他等等回来时，还一定同我说到河街吊脚楼同大脚婆娘烧烟故事的。我请他的客，他却告我很多新鲜事情。这个人若会写字，且会把所认得的字写他的一切，他才是个地道普罗作家！这人用口说故事时，还能加上一些铺叙、一点感想，便是一张口，也比较许多笔写出来的故事深刻多了。

我为了想看看那河街烟馆，若有个灯，真还要上岸去一次！我明天一定要到辰州河街去的，我还得去家中看看灵官巷的新房子。

我吃饭了，等等再告你。

二哥

十七日下午七点廿分

▢ 潭中夜渔

（一九三四年一月十七日第六信）

　　我只吃一碗饭，鱼又吃了不少。这时已七点四十，你们也应当吃过饭了。我们的短期分离，我应多受点折磨，方能补偿两人在一处过日子时，我对你疏忽的过失，也方能把两人同车时我看报的神气使你忘掉。我还正在各种过去事情上，找寻你的弱点与劣点，以为这样一来，也许我就可以少担负一份分离的痛苦。但出人意料的是我越找寻你坏处，就越觉得你对我的好处……

　　夜晚了，船已停泊，不必担心相片着水，我这时又把你同四丫头的相从箱中取出来了。我只想你们从相片上跳下来，我当真那么傻想……我应当多带些你们的相片来了。我还忘了带九九同你元和大姐的相片，若全带到箱子里，则我也许可以把些时间，同这些相片来讨论点事情，或说几个故事，或又模拟你们口吻，说点笑话……现在十天了我还无发笑机会。三三，四丫头近来吃饭被踢没有？应当为我每次踢她一脚。还有九妹，我希望她肯多问你些不认识的生字，不必说英文，便是中文她需要指点的方面也就很多。还有巴金，我从没为他写信，却希望你把我的路上一切，撮要告给他，并请他写点文章，为刊物登载。还有杨先生[1]，你也得告他我在路上的情形。我为了成日成夜给你这个三三写信，别的信皆不曾动手，也无动手机会，你为我各处说一声就得了。

现在已九点了，这地方太静，静得有些怕人。晚上风又大了些，也猛了些，希望它明天还能够如此吹一天，则到辰州必很早。我想最好我再过五天可到家……我一切信上皆不敢提及妈的病，我只担心她已很沉重，又担心她正已复元，却因我这短期回家、即刻分离增加她老人家的病痛。我心虚得很。三三，这十多天想来我已有很多信件了，我希望其中并无云六报告什么不吉消息。我还希望你们能把我各处来信看看，应复的你且为我一一复去。我这一走必忙坏了你……

三三，这河面静中有个好听的声音，是弄鱼人用一个大梆子、一堆火，搁在船头上，河中下了拦江钓，因此满河里去擂梆子，让梆声同火光把鱼惊起，慌乱的四窜便触了网。这梆声且轻重不同，故听来动人得很。这种弄鱼方法，你从书上是看不到的。还有用火照鱼，用鸡笼捕鱼，用草毒鱼种种方法，单看书，皆毫无叙述。

我小船泊的地方是潭里，因此静得很，但却有种声音恐怕将使我

---

[1] 指杨振声先生。

睡不着。船底下有浪拍打，叮叮的响。时间已九点四十分，我的确得睡了……

　　弄鱼的梆声响得古怪，在这样安静地方，却听到这种古怪声音，四丫头若听到，一定又惊又喜。这可以说是一首美丽的诗，也可以说一种使人发迷着魔的符咒。因为在这种声音中，水里有多少鱼皆触了网，且同时一定也还有人因此联想到土匪来时种种空气的。三三，凡是在这条河里的一切，无一不是这样把恐怖、新奇同美丽糅合而成的调子！想领略这种美丽，也应得出一分代价。我出的代价似乎太多了点……我不放下这支笔，实在是我一点自私处。我想再同你说一会儿。在这样一叶扁舟中，来为三三写信，也是不可多得的！我想写个整晚，梦是无凭据的东西，反而不如就这样好！

　　……

二哥

十七日下十时一刻

船泊杨家岨

□ 横石和九溪

（一九三四年一月十八日第一信）

十八日上午九时

我七点前就醒了，可是却在船上不起身。我不写信，担心这堆信你看不完。起来时船已开动，我洗过了脸，吃过了饭，就仍然做了一会儿痴事……今天我小船无论如何也应当到一个大码头了。我有点慌张，只那么一点点。我晚上也许就可以同三弟从电话中谈话的。我一定想法同他们谈话。我还得拍发给你的电报，且希望这电报送到家中时，你不至于吃惊，同时也不至于为难。你接到那电报时若在十九，我的船必在从辰州到泸溪路上，晚上可歇泸溪。这地方不很使我高兴，因为好些次数从这地方过身皆得不到好印象。风景不好，街道不好，水也不好。但廿日到的浦市，可是个大地方，数十年前极有名，在市镇对河的一个大庙，比北京碧云寺还好看。地方山峰同人家皆雅致得很。那地方出肥人，出大猪，出纸，出鞭炮。造船厂规模很像个样子。大油坊长年有油可打，打油人皆摇曳长歌，河岸晒油篓时必百千个排列成一片。河中且长年有大木筏停泊，有大而明黄的船只停泊，这些大船船尾皆高到两丈左右，渡船从下面过身时，仰头看去恰如一间大屋。那上面一定还用金漆写得有一个"福"字或"顺"字！地方又出鱼，鱼行也大得很。但这个码头却据说在数十年前更兴旺，十几年前我到那里时已衰落了的。衰落的原因为的是河边长了沙滩，不便停船，水道改了方向，商业也随之而萧条了。正因为那点"旧家子"的神气，大屋、大庙、大船、大地方，商业却已不相称，故看起来尤其动人。我还驻扎在那个庙里半个月到廿天，属于守备队第一团。那庙里墙上的诗好像也很多，花也多得很，还有个"大藏"[1]，样子如塔，高至五丈，在一个大殿堂里，上面用木砌成，全是菩萨。合几个人力量转动它时，就听到一种吓人的声音，如龙吟太空。这东西中国的庙里似乎不多，非敕建大庙好像还不作兴有它的。

我船又在上一个大滩了，名为"横石"。船下行时便必须进点水，上行时若果是只大船，也极费事，但小船倒还方便，不到廿分钟就可以完事的。这时船已到了大浪里，我抱着你同四丫头的相片，若果浪把我卷去，我也得有个伴！

三三，这滩上就正有只大船碎在急浪里，我小船挨着它过去，我

---

[1] 即转轮藏，设于浦峰寺内。

还看得明明白白那只船中的一切。我的船已过了危险处，你只瞧我的字就明白了。船在浪里时是两面乱摆的。如今又在上第二段滩水，拉船人得在水中弄船，支持一船的又只是手指大一根竹缆，你真不能想象这件事。可是你放心，这滩又拉上了……

我想印个选集了[1]，因为我看了一下自己的文章，说句公平话，我实在是比某些时下所谓作家高一筹的。我的工作行将超越一切而上。我的作品会比这些人的作品更传得久、播得远。我没有方法拒绝。我不骄傲，可是我的选集的印行，却可以使些读者对于我作品取精摘尤得到一个印象。你已为我抄了好些篇文章，我预备选的仅照我记忆到的，有下面几篇：

《柏子》《丈夫》《夫妇》《会明》。（全是以乡村平凡人物为主格的，写他们最人性的一面的作品）

《龙朱》《月下小景》。（全是以异族青年恋爱为主格，写他们生活中的一片，全篇贯串以透明的智慧，交织了诗情与画意的作品）

《都市一妇人》《虎雏》。（以一个性格强的人物为主格，有毒的放光的人格描写）

《黑夜》。（写革命者的一片段生活）

《爱欲》。（写故事，用天方夜谭风格写成的作品）

---

[1] 这是作者第一次提到印选集的想法。两年后《从文小说习作选》才由上海良友图书公司出版。

应当还有不少文章还可用的，但我却想至多只许选十五篇。也许我新写些，请你来选一次。我还打量作个《我为何创作》，写我如何看别人生活以及自己如何生活，如何看别人作品以及自己又如何写作品的经过。你若觉得这计划还好，就请你为我抄写《爱欲》那篇故事。这故事抄时仍然用那种绿格纸，同《柏子》差不多的。这书我估计应当有购者，同时有十万读者。

船去辰州已只有三十里路，山势也大不同了，水已较和平，山已成为一堆一堆黛色浅绿色相间的东西。两岸人家渐多，竹子也较多，且时时刻刻可以听到河边有人做船补船、敲打木头的声音。山头无雪，虽无太阳，十分寒冷，天气却明明朗朗。我还常常听到两岸小孩子哭声，同牛叫声。小船行将上个大滩，已泊近一个木筏，筏上人很多。上了这个滩后，就只差一个长长的急水，于是就到辰州了。这时已将近十二点，有鸡叫！这时正是你们吃饭的时候，我还记得到，吃饭时必有送信的来，你们一定等着我的信。可是这一面呢，积存的信可太多了。到辰州为止，似乎已有了卅张以上的信。这是一包，不是一封。你接到这一大包信时，必定不明白先从什么看起。你应得全部裁开，把它秩序弄顺，再订成个小册子来看。你不怕麻烦，就得那么做。有些专利的痴话，我以为也不妨让四妹同九妹看看，若绝对不许她们见到，就用另一纸条粘好，不宜裁剪……

船又在上一个大滩了，名为"九溪"。等等我再告你一切。

……

好厉害的水！吉人天佑，上了一半。船头全是水，白浪在船边如奔马，似乎只想攫你们的相片去，你瞧我字斜到什么样子。但我还是一手拿着你的相片，一手写字。好了，第一段已平安无事了。

小船上滩不足道，大船可太动人了。现在就有四只大船正预备上滩，所有水手皆上了岸，船后掌梢的派头如将军，拦头的赤着个膊子，船到水中不动了，一下子就跃到水中去了。我小船又在急水中了，还有些时候方可到第二段缓水处。大船有些一整天只上这样一个滩，有些到滩上弄碎了，就收拾船板到石滩上搭棚子住下。三三，这斗争，这和水的争斗，在这条河里，至少是有廿万人的！三三，我小船第二段危险又过了，等等还有第三段得上。这个滩共有九段麻烦处，故上去还需些时间。我船里已上了浪，但不妨的，这不是要远人担心的……

我昨晚上睡不着时，曾经想到了许多好像很聪明的话……今天被浪一打，现在要写却忘掉了。这时浪真大，水太急了点，船倒上得很好。今天天明朗一点，但毫无风，不能挂帆。船又上了一个滩，到一段较平和的急流中了。还有三五段。小船因拦头的不得力，已加了个临时纤手，一个老头子，白须满腮，牙齿已脱，却如古罗马人那么健壮。先时蹲到滩头大青石上，同船主讲价钱，一个要一千，一个出九百，相差的只是一分多钱，并且这钱全归我出，那船主仍然不允许多出这一百钱。但船开行后，这老头子却赶上前去自动加入拉纤了。这时船已到了第四段。

小船已完全上滩了，老头子又到船边来取钱，简直是个托尔斯太[1]！眉毛那么浓，脸那么长，鼻子那么大，胡子那么长，一切皆同画上的托尔斯太相同。这人秀气一些，因为生长在水边，也许比那一个同时还干净些。他如今又蹲在一个石头上了。看他那数钱神气，人那么老了，还那么出力气，为一百钱大声的嚷了许久，我有个疑问在心：

"这人为什么而活下去？他想不想过为什么活下去这件事？"

不止这人不想起，我这十天来所见到的人，似乎皆并不想起这种事情的。城市中读书人也似乎不大想到过。可是，一个人不想到这一点，还能好好生存下去，很稀奇的。三三，一切生存皆为了生存，必有所爱方可生存下去。多数人爱点钱，爱吃点好东西，皆可以从从容容活下去的。这种多数人真是为生而生。但少数人呢，却看得远一点，为民族为人类而生。这种少数人常常为一个民族的代表，生命放光，为的是他会凝聚精力使生命放光！我们皆应当莫自弃，也应当得把自己凝聚起来！

三三，我相信你比我还好些，可是你也应得有这种自信，来思索这生存得如何去好好发展！

我小船已到了一个安静的长潭中了。我看到了用鸬鹚咬鱼的渔船了，这渔船是下河少见的。这种船同这种黑色怪鸟，皆是我小时节极

---

[1] 今译托尔斯泰，后文同。

欢喜的东西，见了它们同见老友一样。我为它们照了个相，希望这相还可看出个大略。我的相片已照了四张，到辰州我还想把最初出门时，军队驻扎的地方照来，时间恐不大方便。我的小船正在一个长潭中滑走，天气极明朗，水静得很，且起了些风，船走得很好。只是我手却冻坏了，如果这样子再过五天，一定更不成事了的。在北方手不肿冻，到南方来却冻手，这是件可笑的事情。

我的小船已到了一个小小水村边，有母鸡生蛋的声音，有人隔河喊人的声音，两山不大而翠色迎人，有许多待修理的小船皆斜卧在岸上。有人正在一只船边敲敲打打，我知道他们是在用麻头同桐油石灰嵌进船缝里去的。一个木筏上面还有小船，正在平潭中溜着，有趣得很！我快到柏子停船的岸边了，那里小船多得很，我一定还可以看到上千的真正柏子！

我烤烤手再写。这信快可以付邮了，我希望多写些，我知道你要许多，要许多。你只看看我的信，就知道我们离开后，我的心如何还在你的身边！

手一烤就好多了。这边山头已染上了浅绿色，透露了点春天的消息，说不出它的秀。我小船只差上一个长滩，就可以用桨划到辰州了。这时已有点风，船走得更快一些。到了辰州，你的相片可以上岸玩玩，四丫头的大相却只好在箱子里了。我愿意在辰州碰到几个必须见面的人，上去时就方便些。辰州到我县里只二百八十里，或二百六或二百廿里，若坐轿三天可到，我改坐轿子。一到家，我希望就有你的信，信中有我们所照的相片！

　　船已在上我所说最后一个滩了，我想再休息一会会，上了这长滩，我再告你一切。我一离开你，就只想给你写信，也许你当时还应当苛刻一点，残忍一点，尽挤我写几年信，你觉得更有意思！

　　……

二哥

一月十八十二时卅分

□ 历史是一条河

（一九三四年一月十八日第二信）

十八日下午二时卅分

我小船已把主要滩水全上完了，这时已到了一个如同一面镜子的潭里。山水秀丽如西湖，日头已出，两岸小山皆浅绿色。到辰州只差十里，故今天到地必很早。我照了个相，为一群拉纤人照的。现在太阳正照到我的小船舱中，光景明媚，正同你有些相似处。我因为在外边站久了一点，手已发了木，故写字也不成了。我一定得戴那双手套的，可是这同写信恰好是鱼同熊掌，不能同时得到。我不要熊掌，还是做近于吃鱼的写信吧。这信再过三四点钟就可发出，我高兴得很。记得从前为你寄快信时，那时心情真有说不出的紧处，可怜的事，这已成为过去了。现在我不怕你从我这种信中挑眼儿了，我需要你从这些无头无绪的信上，找出些我不必说的话……

我已快到地了，假若这时节是我们两个人，一同上岸去，一同进街且一同去找人，那多有趣味！我一到地见到了有点亲戚关系的人，他们第一句话，必问及你！我真想凡是有人问到你，就答复他们"在口袋里"！

　　三三，我因为天气太好了一点，故站在船后舱看了许久水，我心中忽然好像澈悟了一些，同时又好像从这条河中得到了许多智慧。三三，的的确确，得到了许多智慧，不是知识。我轻轻地叹息了好些次。山头夕阳极感动我，水底各色圆石也极感动我，我心中似乎毫无什么渣滓，透明烛照，对河水，对夕阳，对拉船人同船，皆那么爱着，十分温暖的爱着！我们平时不是读历史吗？一本历史书除了告我们些另一时代最笨的人相斫相杀以外有些什么？但真的历史却是一条河。从那日夜长流千古不变的水里，石头和砂子，腐了的草木，破烂的船板，使我触着平时我们所疏忽了若干年代若干人类的哀乐！我看到小小渔船，载了它的黑色鸬鹚向下流缓缓划去，看到石滩上拉船人的姿势，我皆异常感动且异常爱他们。我先前一时不还提到过这些人可怜的生、无所为的生吗？不，三三，我错了。这些人不需我们来可怜，我们应当来尊敬来爱。他们那么庄严忠实的生，却在自然上各担负自己那份命运，为自己、为儿女而活下去。不管怎么样活，却从不逃避为了活而应有的一切努力。他们在他们那份习惯生活里、命运里，也依然是哭、笑、吃、喝，对于寒暑的来临，更感觉到这四时交递的严重。三三，我不知为什么，我感动得很！我希望活得长一点，同时把生活完全发展到我自己这份工作上来。我会用我自己的力量，为所谓人生，解释得比任何人皆庄严些与透入些！三三，我看久了水，从水里的石头得到一点平时好像不能得到的东西，对于人生，对于爱憎，仿佛全然与人不同了。我觉得惆怅得很，我总像看得太深太远，对于我自己，便成为受难者了。这时节我软弱得很，因为我爱了世界，爱了人类。三三，倘若我们这时正是两人同在一处，你瞧我眼睛湿到什么样子！

　　三三，船已到关上了，我半点钟就会上岸的。今晚上我恐怕无时间写信了，我们当说声再见！三三，请把这信用你那体面温和眼睛多吻几次！我明天若上行，会把信留到浦市发出的。

二哥

一月十八下午四点半

　　这里全是船了！

☐ 离辰州上行^[1]

（一九三四年一月十九日第一信）

……今天雾大得很，故日里太阳必极其可观。我上船时带得有腊肠同面条，且有个照料我的副爷，这一行可太惬意了。

我寄北京的电是昨晚发的，一定可以这时收到。我一大堆信本想即刻付邮，但到家时局中已不能寄挂号信，故一切全托云六办理了。我的信分成两包，较小的一包是应后发一天的，也许云六一齐寄发了。

这次上行在家中我也许住三四天可以脱身，下行时过辰州，或将为这些乡亲要人留下多搁一天两天的。我发急得很，因为我应当早些见你。

我同行的副爷正在为我说他的事，等等我再告你。

二哥

十九日十点卅分

---

[1] 原信缺失一页，约九百字。

▢ 虎雏印象

这时已下午两点，船只上小滩，在一条平衍河里走去，河面放宽一些，两岸山已不高，太阳甚好，照在这张纸上炫我眼睛！我很舒服。我的手已不再发肿，我的脚也不觉得怎样冷了。我听了那虎雏说了半天关于他生活过去的故事。这副爷现在还不到廿三岁，七八岁时就打死了人，独自跑出外边，做过割草人，做过土匪，做过采茶人，做过兵。他当了七年的兵，明白的事情比一个教授多多了。他打架喝酒的事情，不知有过多少次，但人却能干可爱之至。他跟了我三弟三四年，一切事皆可交给他，这真是个怪而了不起的人。他说到许多打小仗吃苦受罚的事情，皆正是任何一本书还不曾提到过的事情。他那份渊博处，以及因见多识广，对于自己观念打算铺叙的才干，使我不能不佩服他。我不是说这次旅行一定可以学许多吗？别的不提，单在这样一个人方面，给我有用的知识与智慧已够多了。

这时阳光真好。

我们本乡那方面，大哥也在昨晚上就拍发了一个无线电报回去了，家中得到这个电后，他们不知如何快乐！这次谁也不想到我会回来的，故辰州方面许多老朋友皆十分惊异。到了家中那天，本乡人见着了我，一定更其惊奇！离家太久真不好，一切皆生疏得很，同做客一样，我说话也似乎很困难的。

我的船昨天停泊的地方就是我十五年前在辰州看柏子停船的地方，我本想照个相已赶不及，回来时一定可把我自己照成柏子一样的。

天气太好我就有点惆怅，今天的河水已极清浅，河床中大小不一的石子，历历可数，如棋子一般，较大石头上必有浅绿色蓝丝，在水中漂荡，摇曳生姿。这宽而平平的河床，以及河中东西，皆明丽不凡。两岸山树如画图，秀而有致。船在这样一条河中行走，同舱中缺少一个你，觉得太不合理了。

我想我也得睡睡才好，我昨天只睡三个钟头……

人家都说我胖了些，这话从他们口中说出我不甚相信，但从他们本人肥瘦上看来，我却十分相信。我昨天见到五个熟人，其中就只有一个天生胖子，其胖如昔，其余诸人，全似乎还不如我的。这里人说话皆大声叫喊，吃东西随便把花生橘子皮壳撒满一地，客人在家中不作兴脱帽，很有趣味。

二哥

十九日下三时

□ 到泸溪

（一九三四年一月十九日第三信）

十九日下四时廿分

我小船走得很好，上午无风，下午可有风，帆拉得满满的。河水还依然如前一信所说，很平很宽，不上什么滩，也不再见什么潭。再有十里我船可以到泸溪，船就得停泊了。天气好得很……动身时，我们最担心处是上面不安静，但如今这里的安静却令人出奇，只须从天气河流上看来，也就使人不必再担心有任何困难，会在远行人方面发生了。管领这条河面的是辰州那个戴旅长，军纪好得很，河面可以说是太安全了。在家在辰州的朋友亲戚，他们全将不许我走路，全要我多住一天两天，这可不成。我想在家中住三天，回转辰州住那一天，我想要云六大哥请客，把朋友请到新家来吃一顿。至于在家中，则打量一律不赴人的酒席。凡请我吃饭的，皆用"想陪母亲"来挡拒。这样一来当轻松一些。一切熟人皆相隔太久了，说话也无多意思，这些人某种知识也许比我的好过数倍，但我也无从去学习，因为学来也毫无用处。一切熟人生活皆与我完全不同，且仿佛皆活得比我更起劲，我同他们去玩也似乎不能再在一处玩了。家中只有妈同六弟同几个老年亲戚可以看看，在家中时，家中人一定特别快乐，我也一定特别快乐的。我就发愁要走，或走不动……

我小船已到了泸溪，时间六点多一些，天气太好，地方风景也雅多了。这里城不十分坏，码头可不像个样子，地方上下六十里皆著名码头，故商务萧条得很，只是通峒河的船峒河下游称武水，在泸溪汇入沅水，则应从此地分流。若想乘船直到我家乡，便可在此地搭船上行的。峒河来源很怪，全从悬崖石壁中流出，一下就可行船。另一支流则直经过我的家乡小城，绕城上行达到苗乡乌巢河的。

我小船已泊定，吃了两碗白面当饭，这时正有廿来只大船从上游下行，满江的橹歌，轻重急徐，各不相同又复谐和成韵。夕阳已入山，山头余剩一抹深紫，山城楼门矗立留下一个明朗的轮廓，小船上各处有人语声、小孩吵闹声、炒菜落锅声、船主问讯声。我真感动，我们若想读诗，除了到这里来别无再好地方了。这全是诗。

天黑了，我想把这信发了，故不写完。但写不完的却应当也为你看出些字句较好，因为这是从我身边来的一张纸……

你的心

十九下六时半

□ 泸溪黄昏

（一九三四年一月十九日第四信）

我似乎说过泸溪的坏话，泸溪自己却将为三三说句好话了。这黄昏，真是动人的黄昏！我的小船停泊处，是离城还有一里三分之一地方，这城恰当日落处，故这时城墙同城楼明明朗朗的轮廓，为夕阳落处的黄天衬出。满河是橹歌浮着！沿岸全是人说话的声音，黄昏里人皆只剩下一个影子，船只也只剩个影子，长堤岸上只见一堆一堆人影子移动，炒菜落锅的声音与小孩哭声杂然并陈，城中忽然的一声小锣。唉，好一个圣境！

我明天这时，必已早抵浦市了的。我还得在小船上睡那么一夜，廿一则在小客店过夜，如《月下小景》一书中所写的小旅店，廿二就在家中过夜了……

明天就到廿了，日子说快也快，说慢又慢。我今天同昨天在路上已看到许多白塔，许多就河边石上捶衣的妇人，而且还看到河边悬崖洞中的房屋，以及架空的碾子。三三，我已到了"柏子"的小河，而且快要走到"翠翠"的家乡了！日中太阳既好，景致又复柔和不少，我念你的心也由热情而变成温柔的爱。我心中尽喊着你，有上万句话，有无数的字眼儿，一大堆微笑，一大堆吻，皆为你而储蓄在心上！我到家中见到一切人时，我一定因为想念着你，问答之间将有些痴话使人不能了解。也许别人问我："你在北京好！"我会说："我三三脸黑黑的，所以北京也很好！"不是这么说也还会有别的话可说，总而言之则免不了授人一点点开玩笑的机会。母亲年老了，这老人家看到我有那么一个乖而温柔的三三，同时若让这老人家知道我们如何要好，她还会更高兴的。我在辰州时，云六说："妈还说'晓得从文怎么样就会选到一个屋里人？同他一样的既不成，同他两样的，更不好。'可是如今可来了，好了，原来也还有既不同样也不异样的人！"家中人看到我们很好，他们的快乐是你想不出的。他们皆很爱你，你却还不曾见过他们！

三三，昨天晚上同今晚上星子新月皆很美，在船上看天空尤可观，我不管冻到什么样子，还是看了许久星子。你若今夜或每夜皆看到天上那颗大星子，我们就可以从这一粒星子的微光上，仿佛更近了一些。因为每夜这一粒星子，必有一时同你眼睛一样，被我瞅着不旁瞬的。三三，在你那方面，这星子也将成为我的眼睛的！

你的二哥

十九下九时

☐ 天明号音

（一九三四年一月二十日）

廿下一时十分

这里已是下午一点又十分，我的船已过了有名的箱子岩，再过四点钟就会到最后一个码头了。我小船是上午七点开行的。船还未开动时，听到各船上吹天明号音，从大船起始，凡是有军队的皆一一依次吹号，吹完事后便听到有人拉移铁锚声、推篷声、喊人声。这点情形使我温习了一个日子长长的旧梦。我上来还是第一次听到天明号音。大约十四年前时节，我同许多人一样，这声音刚起头，各人就应当从热被中爬起，站在大坪中成一列点名的。现在呢，我同样被这号音又弄醒了。我想念你。三三，倘若两人一同在这小船上来为这种号音惊醒，我一定会告你许多旧事。但如今我写不完这些旧事，这太多了，太旧了，太琐碎了。你若听到过这样号音，一定也有些悟处。这种声音说起来真是又美又凄凉，我还不曾觉得有何种音乐能够与这个相提并论。

我早饭吃得很好，你放心。我似乎并不瘦，你放心。我还有三天在路上过日子，这三天之中我将吃得饱饱的，睡得足足的，使家中人见到，皆明白这是你给我一切照料的结果。我在辰州已换了件汗衣，是云六的。我墨水泼尽后又新从大哥处取来一瓶，到家后这种东西必不缺少，可是纸张只剩下一点点，倒有点惶恐，只担心到地后找寻不着这种东西。我到辰州时送了大哥一个苹果，吃完事后他把眼睛一闭："吃得吗？金山苹果！美国橘子！维他命多，合乎卫生！"三三，他那神气真妩媚得很！

你收到这信后必有四天方可再得到我的信，因为从浦市过凤凰，来回必须四天的。我还怕初到地不能为你写信，希望得你原谅。

我小船到了一个好山下了，你瞧，多美丽！我想看看这山，等等再写给你一些。

你二哥

浦市已到，一切安宁。

廿下四时廿分

104

□ 到凤凰

（一九三四年一月二十三日）

廿二上午八时 [1]

我昨天下午三点到了家中，天气很好，故一切皆觉得好。母亲好
了些，但瘦得很。我来了，大家当然十分快乐。我不能发电告你，就
因为这地方只能收电，无法发电。

到了家中接到你四个信，家中人因为不见我来，十分稀奇，故看
了信。看了信方知道我业已回来，你瞧，多古怪。到辰州发的电，却
反而比人缓到一些。你寄来的相业已见到，很不坏，四人在冰上照
的，你似乎比谁都好。我这几天可不能为你写长长的信了，你明白这
是无空暇时间的原因。我已见过了老上司，且同时见到了一些朋友。

---

[1] 根据前后信内容，应为廿三日。

我在街上打了一转，印象是地方小了许多。街太小，人可太多了。走到街上去时，我真有点惊讶。

我写这信时是在火炉边的，弟弟在身边，母亲在床上。

我大约十三方下辰州回北平，说不定比预定日子迟，此事请同杨先生说说，很抱歉。我离家太久，母亲又病得厉害，留我多住两天，把十二[1]那天母亲的生日过去再走，希望杨先生原谅。

当到大家写信，我不好意思说……

二哥

廿二

---

[1] 指旧历腊月十二，即一月二十六日。

□ 感慨之至

（一九三四年一月二十二日）

廿二下九时半

　　四点前发了个信，同时还去信告云六，要他为我拍个电报告你一切，可不知他会不会忘掉这件事。我到了这里一天半，各处是熟人，我不出门找他们，就有人来找我，故抽不出时间来详详细细告你一切事情了。我为了会见客人头也弄晕了，只有看你的信可以清醒一些。我希望你会还有三个来信的。我十三下行，就还有三个日子方能动身，若这三天无你信来，我是不快乐的。

　　这里一切使我感慨之至。一切皆变了，一切皆不同了，真是使我这出门过久的人很难过的事！妈病得很坏，近来虽离去危险期，但人还是瘦得很。我一时真不想离开她，但又不能不离开这老人家。我只想多陪她坐坐，但客人一来一坐又总是很久很久。我心乱得很，我很悔见到熟人，却妨碍了我同妈谈话的机会。我现在想有个办法把自己同熟人拉开，可是又无这个办法。

你想想，在这种情形下我如何办。

我见到了你的相，照得很美，故亲戚一问到你时，我必把相片给他们看。多少人皆把你看成了不得的，这为的是什么？不过为的是使妈高兴罢了。

我一上了岸，接到你的信，心就乱极了。三三，我希望你不要难过，我在十号以前会回来的。我也正想着，将来回到北京，决不会再使你面壁了！我想一切皆是我的不是，我向你认错，你原谅了我。我更得向三三认错，在信上说把你文章丢到黄河，其实并无这回事，健吾的文章同你的，皆好好的在箱子里！

这时已十点半了，家中人业已睡尽，我也得睡了。我希望这个时节你已安睡。

二哥

廿二下十时半

我想你得很！你应当还有些信来方好。

买白松糖浆二瓶当信寄。妈急于要用。

□ 辰州下行[1]

（一九三四年二月一日）

二月一号下五时

　　我小船在一个两岸皆山、山半皆吊脚楼的某处过去，我想起应当为你写信了。我小船所到的地方，正是从辰州寄发一大堆信所写到的地方。上行时这些河边小屋如何感动了我，现在依然又有了机会到这种感动中来写信！这时已经快要入夜了。河边小屋在雨后屋瓦皆极黑，上面为炊烟包着浸着。远山还在雾里，同样在这条河中向上行驶的船，皆各挂了大小不等的白帆，沿河走去。有摇橹人歌声，有呐喊声。我的小船上的水手之一，已把晚饭菜煮好，只等待到了那个预定要到的站头，就抛了锚吃饭。今天从

---

[1] 根据原信编号，在此信前缺失五封。

辰州开船时已七点八点，但船小而且轻，风又不大，故仍然走了八十九十里路。这小船应泊的地方名为潭口，明早便又得下最大的青浪滩了。照这样子算来，我是应当可以希望在八号到北平的。我也许到武昌停顿一天，把一点东西送给叔华。但我却愿意早见你们，不妨把东西从北平寄给她。这信是必须后天方能发出的，它将比我先到一天。

今早我上船时，大哥三弟皆送我到船边。船停顿的泥滩便是柏子小船停顿的泥滩，对河有白塔，河中有大小船数百，许多人皆同柏子一样，我感动得很！大哥在我小船开动以后还哑着个喉咙说："三月三人来啊，三月三人来啊！"他真希望你们来看看他经营的好看小屋，那屋在辰州地方很出色，放到青岛去时也依然是出色的。

信写到这里时我吃了一顿好饭，船停在河心买柴，吃完了饭站到外面看看，我无法形容所见的一切。总而言之，此后我再也不把北京假古画当宝贝了。

时间快要夜了，我很温柔的想着你。我还有八天方可见你，但我并不如上行时那么焦躁了。顺水行船也是使我不着慌的理由。我心很静，很温柔。

我因为在上面吃辣的太多，泻了许多天，上船来可好了。我一定瘦些了，我正希望到车上去多加点养料到身上去。我除了稍瘦一切都好，你放心。若这信比我先到，我得请求你不要睡不着觉，我至多只会慢这信一天到地的。

这次的船比上次还干净宽畅。

二哥

一日下五时卅七分

◨ 再到柳林岔

（一九三四年二月二日第一信）

二号上午九点

　　这个时节我的小船已行走了五十里路，快要到美丽的柳林岔了。今天还未天亮时，船上人乘着月就下了最大最长的一个青浪滩。船在浪里过去时，只听到吼声同怒浪拍打船舷声，各处全是水，但毫不使人担心。照规矩，下行船在潭口上游有红嘴老鸦来就食，这船就不会发生任何危险。老鸦业已来过，故船上人就不在乎了。说到这老鸦时也真怪，下行船它来讨饭，把饭向空中抛去，它接着，便飞去了。它却不向上行船打麻烦。今天无风，水又极稳，故预备一夜赶到桃源。但车子不凑巧，我也许不能不在常德停一天，必得后天方能过长沙。天气阴阴的，也不很冷，也无雨无雪，坐船得这样天气，可以说是十分幸福的。我觉得一天比一天接近你了，我快乐得很！

我今天又得吃鱼，水手的鱼真不可不吃，不忍不吃。鱼卖一毛钱一斤，不买它来吃，不说打鱼人，便是鱼也会多心的。我带来了不少腊肉、腊肠，还有十筒茶叶、一百橘子。还有个牛角，从苗巫师处得到，预备送一个人的。还有圈子，应作送四丫头等的钏子。还有梨子，味道并不怎样高明，但已是"五千里外远客"的梨子。还有印花布，可以做客厅垫单用的宝物！到长沙时，我或许为你们带了些酱油来，或许还可带两对鸭绒枕心作为垫子。我在长沙应蹲个半天，还应见四五个人，希望天晴，在街上可以多见识见识。长沙一切皆不恶，市面尤其好看。

……前天晚上我在辰州戴家吃消夜，差不多把每一样菜皆来上一把辣子，上到鱼翅时，我以为这东西大约不会辣了，谁知还是有一钱以上的胡椒末在汤中。可是到后上莲子，可归我独享了。回家时已十二点钟，先回家的大哥早已睡觉了。

我小船又在下滩了，好大的水！这水又窄又急，滩下还停顿的有卅来只大船等待——上滩。那滩下转折处的远山，多神奇的设计！我只想把你一下捉到这里来，让你一惊，我真这么想。我稀奇那些住在对岸的人，对着这种山还毫不在乎。

我这时已吃过了一顿模范早餐，我吃完了饭，水手也吃完了饭，各人在吸丝烟，船在一个艄公桨下顺流而下。这长潭，又是多么神奇的境界！我吃的是一大碗糙米饭、一碗用河水煮就的河鱼、一碗紫菜苔、一点香肠。三斤半的鲤鱼我大约吃了十二两。一个大尾巴，用茶油煎成黄色的家伙，我差不多完全吃光了。假若这样在船上半年，不必读一本书，我一定也聪明多了。河鱼味道我还缺少力量来描写它。

在岸上吃过饭后的人总懒些呆些，在船上可两样了。我在船上每次把饭吃过以后，人总非常舒服。只想讲话，只想动，只想写。六月里假若我们还可以有一个月离开北京，我以为纵不是过辰州避暑，也不妨来湖南坐坐我所坐的小船，因为单是船上这种生活，只要一天，你就会觉得其他任何麻烦皆抵消了。这河上的一切，你只需看一眼，你就会终生不忘的。等着六月再看吧，若果六月时短期离开北平不是件大事，我们就来到这河上证实一下我所说的一切吧。

今天一点儿风也不起，我的小船一个整天会在这条河上走两百里路的。今天所走的路，抵前次上行四天所走的路。你只想想这个比数，也就可以想象得出这段河流的速度了。

二哥

十二点或者还欠些

（我表已不在手边了）

□ 过新田湾

（一九三四年二月二日第二信）

二号十二点过些

　　假若你见到纸背后那个地方、那点树、石头、房子、一切的配置、那点颜色的柔和，你会大喊大叫。不瞒你，我喊了三声！可惜我身边的相匣子不能用，颜色笔又送人了，对这一切简直毫无办法。我的小船算来已走了九十里，再过相等时间，我可以到桃源了。我希望黄昏中到桃源，则可看看灯，看看这小城在灯光中的光景。还同时希望赶得及在黄昏前看桃源洞。这时一点儿风没有，天气且放了晴，薄薄的日头正照在我头上。我坐的地方是艄公脚边，他的桨把每次一推仿佛就要磕到我的头上，却永远不至于当真碰着我。河水已平，水流渐缓，两岸小山皆接连如佛珠，触目苍翠如江南的五月。竹子、松、杉，以及其他常绿树皆因一雨洗得异常干净。山谷中不知何处有鸡叫，有牛犊叫，河边有人家处，屋前后必有成畦的白菜，作浅绿色。

小埠头停船处，且常有这种白菜堆积成 A 字形，或相间以红萝卜。三三，我纵有笔有照相器，这里的一切颜色、一切声音，以至于由于水面的静穆所显出的调子，如何能够一下子全部捉来让你望到这一切，听到这一切，且计算着一切，我叹息了。我感到生存或生命了。三三，我这时正像上行时在辰州较下游一点点和尚洲附近，看着水流所感到的一样。我好像智慧了许多，温柔了许多。

三三，更不得了，我又到了一个新地方，艄公说这是"新田湾"。有人唤渡，渔船上则有晒帆晾网的。码头上的房子已从吊脚楼改而为砖墙式长列，再加上后面远山近山的翠绿颜色，我不知道怎么来告你了。三三，这地方同你一样，太温柔了。看到这些地方，我方明白我在一切作品上用各种赞美言语装饰到这条河流时，所说的话如何蠢笨。

我这时真有点难过，因为我已弄明白了在自然安排下我的蠢处。人类的言语太贫乏了。单是这河面修船人把麻头塞进船缝敲打的声音，在鸡声人声中如何静，你没有在场，你从任何文字上也永远体会不到的！我不原谅我的笨处，因为你得在我这支笔下多明白些，也分享些这里这时的一切！三三，正因为我无法原谅自己，我这时好像很忧愁。在先一时我以为人类是个万能的东西，看到的一切，并各种官能感到的一切，总有办法用点什么东西保留下来，我且有这种自信，我的笔是可以做到这件事情的。现在我方明白我的力量差得远。毫无可疑，我对于这条河中的一切，经过这次旅行可以多认识了一些，此后写到它时也必更动人一些。在别人看来，我必可得到"更成功"的谀语，但在我自己，却成为一个永远不能用骄傲心情来做自己工作的补剂那么一个人了。我明白我们的能力，比自然如何渺小，我低首了。这种心境若能长久支配我，则这次旅行，将使我在人事上更好一些……

这时节我的小船到了一个挂宝山前村，各处皆无宝贝可见。艄公却说了话：

"这山起不得火，一起火辰州也就得起火。"

我说："哪一个山？"原来这里有无数小山。

艄公用手一挥："这一串山！"

我笑了。他为我解释：

"因为这条山迎辰州，故起不得火。"

真是有趣的传说，我不想明白这个理由，故不再问他什么。我只想你，因为这山名为挂宝山，假若我是个艄公，前面坐了一个别的人，我告他的一定是关于你的事情！假若我不是艄公，但你这时却坐在我身旁，我凭空来凑个故事，也一定比"失火"有趣味些！

我因为这艄公只会告我这山同辰州失火有关，似乎生了点气，故钻进舱中去了。我进舱时听岸边有黄鸟叫，这鸟在青岛地方，六月里方会存在。

这次在上面所见到的情形，除了风景以外，人事却使我增加无量智慧。这里的人同城市中人相去太远，城市中人同下面都市中人又相去太远了，这种人事上的距离，使我明白了些说不分明的东西，此后关于说到军人，说到劳动者，在文章上我的观念或与往日完全不同了。

我那乡下有一样东西最值钱，又有一样东西最不值钱，我不告给你，你尽可同四丫头、九九，三人去猜，谁猜着了我回来时把她一样礼物。

我在家中时除泻以外头总有点晕，脚也有点疼，上了船，我已不泻不疼，只是还有些些儿头晕。也许我刚才风吹得太久了点，我想睡睡会好些。如果睡到晚上还不见好，便是长途行旅、车船颠簸把头脑弄坏了的缘故。这不算大事，到了北京只要有你用手摸摸也就好了。

……

我头晕得很，我想歇歇，可是船又在下滩了。

二哥

大约二点左右

□ 重抵桃源

（一九三四年二月二日第三信）

我小船这时就到了桃源，想不到那么快的。这时大约还不过八点钟，算算时间，昨天从八点到下六点计十个钟头，今天从上六点到下八点计十四个钟头，一共廿四个钟头便把上行的六天所走的路弄完了。若不为了过常德取你的信，我明天是就可以到长沙的。若照如此经济办法说来，则从辰州到北平，也不过只需要七天或六天的日子罢了。我的小船这时已停泊了，我今夜还在船上睡觉，明天一早就搭了汽车过常德。我估想到那旅馆可以接到你三个信，有两个信却是同一天付邮的。这信中所说的正是我要听的话，不管是骂我也行，我希望至少有一个信，在火车上方不寂寞。我要水手为我买了十个桃源鸡蛋，也许居然还可以带一个把到北京。想到我不过五天就可以见着你，我今晚上可睡不着了。我有点发慌，我知道你们这时节是在火炉边计算着我的路程的。我仿佛看着你们。我慌得很！我们不在一块儿太久了！你真万想不到我每个日子如何的过。

我今天又看了一本新书，日本人所作的，提到近代艺术的一般思潮，文章还好却也不顶好。我想这种书你一定不高兴看，但这种书能耐耐烦烦看下去，对你实在很有益处。一般人不能作论文，不是无作论文的能力，只是不会作。看了这本书，也许多少有些好处。

这里有人用废缆做火炬，一面晃着一面在河边走路，从舱口望去好看得很。

二哥

二月二日晚

尾 声

◻ 沈从文致沈云六

大大[1]：

　　你廿三号来信五号收到，一切都明白了。这次回南，本想使妈快乐一点，想不到结果反而使妈大不快乐，见大大来信，觉得伤心。因再想同妈谈谈，也来不及了。妈生前既全得你同大嫂等服侍，丧事又全由大大主持，在这里说感谢近于客气，但事实上弟等实仍感谢之至也。丧事既了，六弟又复下行，想家中近来当极寂寞，你病好些没有？我们真极关心。我来回在路上太久，一到北京，也病倒了，幸好日来已能做事，不至于延长日子。你说三月再下辰州，计划也好，若果三月六弟得过北平，你早搬下辰州也好一些。房子半途而止，实不成事，一切还得要你主持。六弟病后性情略躁，也极自然。你如今已像父亲，大嫂即是母亲，许多事没有你哪里会弄得好？至于你担心到了辰州，恐前途困难，请你千万放心。我们生活不至于极坏，妈虽过

----

[1] 大大意为"哥哥"。

去了，大大生活难道就不应当我们来负点责吗？只请你放心。关于你同大嫂生活我总来想办法，每月为你们弄来，即或六弟一时无办法，你也不会为难。你只管大胆些，我这里当为你按月弄点来。三十够不够？若不够，又多弄些。关于房子欠款，我有，也会陆续弄些来填还，因为我懂得这些钱是你用面子借来的，我们不会使你为这件事不好见人。我要告你的是此后关于你事情我总尽力。我尽力做事，尽力为你想办法，请你放心。

我在此事略忙，因为各处皆要文章，一双手当然忙不过来。加上近来还得为《国闻周报》作评论，星期天也无休息时节。我只希望我莫病，我无论如何，总得赤手空拳弄出个局面，让大大看到，会说沈家的人究竟并不蹩脚的。这里三人都好，请你同大嫂放心。

并问安佳。

二弟上

廿三年三月五日晚

（沈虎雏整理1991年10月）

122

飘零书简（选）

张兆和致沈从文

◻ 北 平

（一九三七年九月九日）

孟实已接四川大学聘，现已兼程赴川了。徽因已去天津。二弟四弟及姜国芬王树藏均返国，姜现住萧处。

二哥：

今天是什么日子？你在仆仆风尘中，不知还记得这个日子否。[1]早晨下了极大的雨，雷击震耳惊人，我哄着小弟弟，看到外面廊下积水成湖，猛的想到九月九日，心里转觉凄凉。自你走后，日子过得像慢又像快，不知不觉已经快一个月了。自从接到你廿七日南京来信后，三日未得书，计算日程，当已过武汉到长沙了。沿途各地寄来信件，约二十五封以上，按月日视之，似未有遗失，唯次第略有颠倒而已。天津我曾发去五信，因你们住处再三迁移，致前四信均落于不可知中，只末一信由陶太太寄回。你天津来信，需时三日，烟台五六

---

[1] 一九三三年九月九日是沈从文、张兆和结婚的日子。

日，济南一星期以上，南京十日，武昌的信尚未得，你一天比一天离得我们远，此后长沙来信，当在半月以上了。长沙之行，不知杨先生仍同阵否？你们工作，一时恐难进行，若一时无事可做，你回沅陵住一阵也好。你走以后，叔华、萧乾、健吾各有信来问及我们的平安，颇以我们的安危为虑，各处我已一一作复。健吾新搬了住处，在法界巨赖达路大兴里十七号，夏云亦有电来，住衡阳仙姬巷廿二号，你当各为他们去一信，真一处我亦去了信，沪平通信，需时一月半月不等，常常后发的先到，先发的反后到。我们苏州全家俱已返肥，如此可以免去我一头挂虑。如寄信给大姐或爸爸，可写合肥龙门巷张公馆，二姐全家似亦在肥。我们这里一切都好，储米可吃到年底。现在我们已实行节食俭用，若能长此节省，余款亦可以支持过旧历年。生活版税三十九元已寄到，你不必写信去要，昨天常风又送来你评小树叶稿费十五元，还有祖春、长荣、老四稿费均在我处。祖春、长荣俱手上月离平，说是先到济南再定行止。长荣临行时来借去十元，戴七兄亦借去十元，他们身边只有限的几个钱。他们走后钱倒来了，这钱我无法寄出，只有暂时代为保存。我们在家平常深居简出，北平市面比一月以前更形萧条，入晚夜静，枪声时有所闻，城内尚安，奇怪的是西长安街的两大戏院却常常是满座。刘先生父女极爱听戏，他们同杨小姐去听过两次。杨先生来信，至今未提及家中人与物的安置，杨弟弟不日去燕大，杨小姐可以与我同住三叔家，困难的是书画家具无处存放，杨小姐因此层困难，又舍不得这院落，想请刘先生父女与她同住厢房，上房找熟人来住，今天就由郑先生带来某先生，惜乎这位先生娶的是位友邦的太太，我们觉得这件事得待考虑。事实上刘先生若艺专不开学，即刻就想回蓬莱的，最多只能在此住一二月。若一二月以后他们仍旧得回去，倒不如一劳永逸，此时就有个决定的好。刘先生建议杨小姐同他回去，杨小姐因感家乡匪多不愿回。事实上此时路上比你们走时更难，天津不好走，女眷尤甚。又想找几间房子叫翟明德看东西，她自己同我住，又怕长此下去费用太多，想来想去累在这些家家伙伙上面，因为杨先生临行时没有吩咐，杨小姐不知应如何处置，杨先生若与你同在，请你问一声回个信。有个你的同乡叫杨沛芸（又叫秀钧）的，来信问及熊秉公地址，此人亦在宣城。万孚的弟弟朱[1]亦有信给你，问你可曾看见他在晨报上对你文章的批评。家中可不必惦念，小龙瘦而精神，问及爸爸时，总说："爸爸到上海替我买大汽车，买可可糖。"虎雏十分壮健，驯白爱人。"遥怜小儿女，未解忆长安"，他们哥儿俩你不必挂念了。有信望寄三叔家，搬不搬寄到那里总收得到。望你保重。

三妹

九月九日

整整四年了

---

[1] 朱即程朱溪，笔名朱溪。

◻ 北　平

（一九三七年九月二十四日）

寄武昌第三信

二哥：

　　生日同中秋节都过去了。已经是两个小孩的母亲，每到这种节日，还不免像小孩样有所感触。今年这边中秋节过得真热闹，大街小市，到处张灯结彩，盛况空前。我同九妹、龙朱到三叔家拜节，吃过饭回来，西单鼓楼人山人海，有如过年时厂甸情形。晚间在廊前赏月，杨起有一个很大很大的兔二爷也搬出来了。小龙本来早就嚷着要睡觉，后来听到月饼二字，忽然精神抖擞，唱歌，跳舞，操操，亲热人，做小脚走路，样样都来，供完兔二爷，尝了一点点月饼，也就心满意足，临去睡时，还对着剩下的月饼告诉人：明天吃。我们在阶前坐了很久，大家有一份惋惜的心情，光景太美，就越叫人难舍。现在好了，杨小姐已于昨日搬去刘先生家同住，我们亦拟于一星期后搬回西城，庭院空寂，光景十分凄凉。

本来抱定决心在北平住下，最近听听大家你言我语，觉得也颇有考虑之必要。一来为来源断绝担着心，二来看北平熟人陆续走尽。徽因、钱太太、张太太已走，朱太太也有回川的意思，前天来问我们能同行否。我们三人情形不同，杨小姐能走而不愿走，九妹愿走而不能走，我呢，有着乡下老太婆死守家园的固执，情愿把孙儿媳妇一齐打发走了，独自一个人看家。前两天整理书信，觉得更不愿意走了，我们有许多太美丽太可爱的信件，这时候带着麻烦，弃之可惜，这还只书信而言，另外还有你一大堆乱七八糟的书籍文稿，若我此时空身南下，此后这些东西无人清理，也就只有永远丢弃了。北京十余天不闻炮声，真像是天下太平，住在这里比什么地方都安全，想着广州南京正炸得不成样子，上海、平绥、平汉、津浦各线一天不知有多少年轻人的死亡，对于这种安全实在心有所愧。有人劝我们，在留下尽够南下路费时，应即南下，但我们若留此，至少有四个月安定，而四个月以后两个小孩也就长大不少。若此时动身，无论到安徽、湖南，生活即刻就发生困难，我不愿意南来累赘你，到合肥住也许将来还是必经的阶段。我不知道你余款尚能支持多久，工作只你一个人如何进行，文章还写不写？我顶惦记着你那个中篇，这时候，接下去好呢，还是就任他停止了？你要什么东西望来信时一一注明，乘这时津浦线还能通行尽可能多寄点给你，若战事延长一年半载，则此唯一孔道，势必亦将断绝，到音书完全断绝时，那真有点急人了。前次寄包裹内有被面、被单、衬绒袍各一，家制布衬衫两件，你喜欢穿的也给寄来了。你写字的宣纸同好图章要不要？我还想寄一两个瓷盘子给你。那块花缎不日即寄，问邮局，说包裹虽寄，何日可到不得而知，路上一定耽搁极久，久一点不要紧，我真怕它丢掉了。

小孩你可全不用担心，你走后数日，小龙即能自己吃饭，用银勺，坐着吃，吃时极认真，绝不东走西跑，吃的东西与我们相同，所多者牛奶、黄油、馒头、毛豆每天必食而已。小弟弟尤其可喜，整日整夜的睡，自己的奶已足够他吃，已有一个月不添奶粉了。现在小脸、两腿、两胳膊俱见丰满圆润，醒时有人招他玩便咯咯大笑，人走了便自言自语玩手，乖极了，一点也不麻烦人，我现在是真欢喜他。龙的相片是你带他到公园照的。龙早已不吃橘子，北京今年白梨鸭梨都丰收，因无出路，特别便宜（二十枚一斤），现在就给龙吃梨。小弟是什么养人补品都不吃，长得胖得很。徐妈及厨子工钱加了甫及两月，暂时不好减去，拟迟迟再说。家里钱若省俭用，可以支持到旧历年后，但若买煤，给小孩们添置点冬衣，就不行了，还有九妹没有一件厚大衣（两件皮大衣都不知去向），那怎么行？若用钱不多，到时有富裕，打算为她做一件。

龙画的毛三爷寄你看看。他告诉我，哪是手，哪是耳朵。眼睛、鼻子、嘴，甚而至于毛三爷的三根毛都画出来了，小龙的进步真惊人。我在家里闲着做点什么事呢，又闲，又不定心，真的这场战争什么时候才有结果！

问候叔华他们。

三

廿四日

廿六年九月

所要讲义汪和宗整理好后即寄来。

口 北 平

（一九三七年十月二十五日）

武昌十三

二哥：

昨晚得你快信，今天上午接杨先生由石坦安转来一信，仍有希望
我们南来的话。梁先生梁太太已不打算南下，樊先生已到，今天杨小
姐同我商量，是否应同她一起走。前几天只听到这里炸那里炸，好像
随便走到哪里，随时都会有炸弹从头上掉来，因此大家已决定不走。
这几天仿佛情形又转好一点，虽说樊先生是由广东来的，但此去听说
拟由济南走。我仍然不打算走。我好像算定这场战事不久就会了结，
非常乐观，我希望到明年春暖以后，再从从容容的上路，或者欢迎你
们北来。杨小姐也不想走，但要等杨起决定，因为他读书问题在首
要。他们若走，为时一定很匆忙，他们不走，汪也会把杨先生的衣物

131

送到珞珈山来。我拣了一下箱子，也想请他为你带点衣服来，拣来拣去，你实在没有什么衣服。一件衬绒，一件驼绒，一条厚呢裤，若不付邮，此时由他带来，或者还可以赶得及穿。家里只剩下一件丝绵袍、一件厚驼绒袍了，而且脏的脏，破的破，实在见不得人。我本想给你换过面子的，一来舍不得钱，二来时间来不及，送到时你自己换吧。汪同樊先生同行，大概是什么书也带不了的，你要的《小寨》与《神巫之爱》我怕遗失，暂时不寄。教科书已托正仪请人由天津寄出，不知能否收到。包裹第一次九月十五寄出，第二次十月八日，若不能得到，实在可惜，因里面有你心爱的那块缎子。听卓先生说，他们寄上海的包裹，居然可以收到，但为时亦在两月，也许你不久也就可以收到。大姐寄的钱既收到，应先还给之琳，我在这里收了她百二十元。另外由八姐处取五十，你置一点衣服吧。家里钱连之琳祖春等稿费足可以支持到阴历年后，煤已买了三吨，预备只生两个炉子，九妹同朱干对调，我房烟筒通过去就行了。厨子我预备过了阴历年再辞，可是看到他近来做事极负责，处处小心的样子，心里不忍，存了心要不用他，见了他总觉得有点抱歉；但若用下去实在是浪费。将来我们若不住北平，在别处安家，一定力求简单，不多用人，什么事自己动动手，顶多用两个女工，一个看孩子，一个烧饭打杂足了。黄先生钱已还来，他一定要还我，我把杨先生的一半已交给杨小姐，我这一半暂存这里，等她需用时再借给她，我知道她收到钱不多，一时又走不掉，将来仍然很窘的。我并没有写信家去要爸爸寄钱来。你晓得我家那位令堂的脾气的，为什么给爸爸找气受？再说，自己能挨总想挨过去不求人好，我平常未雨绸缪原因即在此，我最怕开口求人，即或是自己的父亲，但现在不似从前了。你平常总怪我太刻苦自己，因小失大，现在该知道我不错了。家里谁都不懂节俭，事情要我问，我不省怎么办!？就以现在说，再省再省也迟了，你那边能自己供应，能办到不借钱更好，万不得已也只能以极小度借贷，杨先生钱亦不多，而况他用处较广，由他给杨小姐信可知。你万万不可再向他借了。我很奇怪，为什么我们一分开，你就完全变了，由你信上看来，你是个爱清洁，讲卫生，耐劳苦，能节俭的人，可是一到与我一起便全不同了，脸也不洗了，澡也不洗了，衣服上全是油污墨迹，但吃东西买东西越讲究越贵越好，就你这些习惯说来，完全不是我所喜爱的。我不喜欢打肿了脸装胖子外面光辉，你有你的本色，不是绅士而冒充绅士总不免勉强，就我们情形能过怎样日子就过怎样日子。我情愿躬持井臼，自己操作不以为苦，只要我们能够适应自己的环境就好了。这一战以后，更不许可我们在不必要的上面有所奢求有所浪费。我们的精力，一面要节省，一面要对新中国尽量贡献，应一扫以前的习惯，切实从内里面做起，不在表面上讲求，不许你再逼我穿高跟鞋烫头发了，不许你用因怕我把一双手弄粗糙为理由而不叫我洗东西做事了，吃的东西无所谓好坏，穿的用的无所谓讲究不讲究，能够活下去已是造化，我们应该怎样来使用这生命而不使他归于无用才好。我希望我们能从这方面努力。一个写作的人，精神在那些琐琐外表的事情上浪费了实在可惜，你有你本来面目，干净的，淳朴的，罩任何种面具都不会合适。你本来是个好人，可惜的给各种不合适的花样给Spoil[1]了，这只是就一点而言，以后我们还得谈，还有许多浪费精神的事，是我所深知的，也是你所深知的，可是说过多少遍你不听，我还得说，不管你嫌烦不嫌烦，还得说。你看，我一写起信来，总是絮絮不休，你一定不喜欢这样的信，为什么我就那么不会写，我原想同你亲亲热热说点体己话的，不知不觉就来了这一套，像说教的老太婆，带住了，下次谈好一点的，原谅我。

三妹

十月廿五晚

---

[1] Spoil，损坏、糟蹋、搞糟。

致张兆和

□ 武 昌

（一九三七年十一月六日）

三姊：

今天你来的电说拟缓来，不知为什么原因不上路。我猜想总有原因。若果这个信还可到你手边，我希望你对来不来好好打算一番。我到长沙时和杨先生商量到你们来好还是不来好，结果觉得能来还是来好。因为来到这里，大家即或过点困难日子，吃碗稀饭，也必比两地分开牵牵挂挂为妙。就目前情形，通信动不动即得半月，若两地交通一阻隔，我们心里不安，你们生活也不安，这种情形你可以想象得出。天气渐渐寒冷，十二月里海河一封冻，想来就不能再由天津坐船，到时必须坐车到塘沽，其不方便处不用提也明白。若不动身，则至少就得等到明年四月方可希望南行，战事到时如更恶化，如何走？走不动，信也难通，一年半载，说不定我还得向内地跑，这么办我恐怕你在北方日子过不了。纵生活无问题，精神上你受不了。你和孩子虽十分平安，还是不能安心，要做事，总有所牵绊，不便做。要写文章，不能写，要教书，心不安，教不下去。并且我自己知道你同时也知道，就是我离开你，便容易把生活转入一种病态，终日像飘飘荡荡，大有不知所归之慨。表面上生活即或还能保持常态，精神生活上实不大妥当。过日子不免露出萎靡不振神气，脑子且有点乱。你同我在一处时，就什么都好多了。可是如果你与我恰恰相反，在一处时为操心家事，为我种种麻烦，实在不大受用，离开我后，反而觉得一切简单得多，生活也就快乐得多。如果事实的确如此，我们就从长计划，你决定不即南行，依然和孩子留在北平不动，到得钱时，我即将钱寄来。（如能照八月得千五，必寄一千来。恐怕只有一千左右，有一千我也寄六百来。你想让九妹南行好，就让她过上海大姐处去。）不过这样办得先料到几件事，一是南北间隔，也许有半年音讯不通。二是我因事故会走入内地，离你更远。三是你在北方日子过得当真会好，且能安心过下去，又还对我放得下心，你自己又不会出什么不快乐不开心的事。你算算看，什么好就照你以为好的去做，我不强迫你作不乐意的行动。你不来事实上对我也未尝无好处，因为这时节住什么地方多久总难说定，要走动，一个人当然比一家人容易方便，有事变，一个人当然比一家人容易处置，要做事也还是独自一人好。可是这是"原则"，与"事实"相去稍远。事实是我们都得承认，如此时代，能在一处，不管过的是什么日子！总比离开好！你尽管说我不好，我在你身边时，麻烦你太多，共同过日子又毫无快乐可言，去你所理想太远，说不定留在北平，凡我所能给你的好处瑞菡或三婶就能代替，此外也正因为我不在你身边，还有更多想象不到的人给你的尊敬和友谊，使你觉得愉快。不过由我看来，两人的幸福，还是同在一处，方能得到。为孩子计，也是如此。为你计，也是如此。

你是不是仅仅为的怕孩子上路不便，所以不能下决心动身？还是在北方，离我远一点，你当真反而感觉快乐一点，所以不想来？不拘哪一种理由我都能了解而原谅，因为我爱孩子也愿意让你快乐。只是请告我一声，说明白了，免得我在这边发了电报写了信老盼望着，且总以为你已动身了，白着急，为你们路上经过而着急。我还得一本正经地同你说，不要以为我不明白你，或是埋怨你，疑心你，对你不肯南行就生气。我不生气。你即或是因为北平有个关心你，你也同情他的人，只因为这种事不来，故意留在北京，我也不妒忌，不生气。我这些地方顶明白道理，顶明白个人的分际。我近来因为读了些书，读了些关于生理学和人生哲学的书籍，反省自己，忽然产生了些谦卑情绪，对于我们的关系，增加了些义务感觉，减少了些权利感觉。这谦卑到极端时且流于自卑，好像觉得自己一切已过去了，只有责任在身。至于你，人既年轻，还有许多权利可得，虽做了两个孩子的母亲，不为的是报复，只为的是享受，有些人对于你的特殊友谊，能引起你的兴味时，还不妨去注意注意！我不是说笑话，不拘谁爱你或你爱谁，只要是使你得到幸福，我不滥用任何名分妨碍你的幸福。我觉得爱你，但不必需因此拘束你。正因为爱你，若不能够在共同生活上给你幸福，别的方面我的牺牲能成全你幸福时，我准备牺牲。有痛苦，我忍受痛苦。

为什么我说这些话？不是疑心你会如此如彼，只是我记起你某一时的感触，以及你的年龄，以为人事不可料者甚多，一个好端端的人也会发疟疾，害伤寒病，何况被人爱或爱人？我说真话，假若当真凑巧有这样事情到你生活上时，你完全不用顾虑到我，不用可怜我，更不用怕我，尽管做你以为是的好了。我这个人也许命运里注定要有那么一次担负的。我好像看到了这种幻景，而且俨然从这种痛苦幻景中，得到另外一种暮年孤寂生活的启示。我这人原来就是悲剧性格的人物，近人情时极近人情，天真时透底天真，糊涂时无可救药的糊涂，悲观时莫明其妙的悲观。想到的事情，所有的观念，有时实在不可解。分析起来大致有数点原因：一是遗传上或许有疯狂的因子；二是年纪小时就过度生活在幻想里；三是看书太杂，生活变动太大；四是鼻破血出，失血过多，用脑太过。综合结果，似乎竟成了一种周期的郁结，到某一时自己振作不起来，就好像什么也不成功，你同我分裂是必然的，同别人要好是自然的。我到头还是我，一无所能，一无所得，与社会一切都离得远远的，与你也离得远远的。真糟糕。救济它只有一法，在你面前就什么都转好了，一切颜色，气味，声音，都感觉很满意，人仿佛就站住了。你一时不来呢，活该受罪，受自卑到无以复加的罪。

这种周期性的自加惩罚，也许还是体力的缺陷，睡眠不足，营养不足的影响，也许竟只是写这种长信的影响。一次好好的睡眠和一顿好好的饮食，少写点信，多晒晒太阳，就会减轻许多，不过要它断根，可真不容易。你一定记得，就是我们在一起时，有时也会发生这种症候，情形怪糟的。

你放心，我说虽说得那么可怜，总还是想法自救，正如同溺水的人，虽然沉溺了，两手总还是捞着草根树枝，不让他下沉。日常生活照样打起精神干下去，而且极力找寻自己的优点，壮自己的气，想象世界明日的光明，以为个人值得努力生存。

给孩子和你自己照半打小相来，并来信告我，是不是当真觉得留在大城住下，对孩子好些，对你也觉得好些？不要为我设想，正因为只要你们过日子觉得好，我就受点苦也不碍事的。我极希望用我的痛苦换给你一点幸福快乐。（我应当如此，必须如此。）几年来由于我的粗心，我的糊涂，给你太多不愉快，我愿意照你意思安排，得到我能得的种种。

二弟

十一月六晚

张兆和致沈从文

□ 北 平

（一九三七年十一月九日）

十一月九日晚

你写的字已分大小两卷挂号寄出。

碧[1]：

把蔚、起送上火车，回来心里轻松不少。其实谁住在这里也不要我负什么责任，因为北平与其不能久留，走一个我总觉得轻松许多。他们乘十三号的船，本来打算走青岛，临上车忽然又听樊太太说走广东，也许还要坐一段飞机，这一来可麻烦了，路上的耽搁一定不少，什么时候到长沙就不得而知了，这次我的坚留不走，真可算不错，不然路上二十来天的颠簸，大大小小六口人，就说路费他们借给我，孩子们同我到地后一定都得生一场大病。

---

[1] 碧，是对沈从文的别称（下同）。

他们的走我觉得很对，因为这件事迟早得办，解决了总比悬着的好。并且他们走了同时也解决了我不走的决心。他们不走我虽也打算不走，但总有一个走的机会，现在是非到明年才能打走的主意了，不能与他们同行我觉得对杨先生很抱歉，因杨先生曾叫他们借路费给我们同行，种种情形望际写信同杨先生说说。蔚走时留下一百元给我，这个钱她本来预备九妹与她同行做路费的，九妹不走，这钱她一定要留下给我，她说路上不敢多带，我就收下了。下午关先生又送来健吾百元，健吾怕我们在此受窘，虽然我写信去说你暂时不能有款还他，不敢收用，他仍然要关先生送来给我。我还没有收到李先生给我的复信，此款暂时代收，如若他要，随时可以汇给他。我不知道明年你的工作是否还可以继续，即能继续，除维持生活外，是否还有力量还债，所以各方面虽然都愿意接济我，我却不敢收受。关于李先生的钱事为什么你总没有回我？我好像在几封信中都提过了。杨小姐来，我托她带一部楷帖，一个枕套（枕瓤由汪带来），一条皮带，另外还有两个盘子，一个是你今年花二元在厂甸买的那个五彩鸳鸯戏荷大盘子，一个是西番莲边有小孔眼的小盘子，两个都很厚实，塞在他们行李囊内绝不会碰坏。只是他们走粤汉路，这东西不知要到什么候才能带到了。我们住这里你可以放心又放心，不要看到他们到后又着急。九妹先虽愿意南来，后来也觉得单独南来不妥，大家都安分的过日子，总不做到使你难过的地步。愿意你也特别谨慎小心，这年头谁也不忍对自己将来怀多大奢望，慢慢刻苦的过着说罢。午后我为你抄了几节晨报副刊上的小诗小文，三本副刊是松坡图书馆的，抄完了我打算送给蹇先生。对你文章中所记以前饿肚子情况我很难过，碧是受过这样苦日子来着吗？

三三

❏ 北　平

（一九三七年十二月十一日）

十二月十一日晨

二哥：

接到你廿三日的信，得知三哥病了的消息[1]，我们真非常难过，九妹流了许多眼泪，不过这也没有法子，幸而生的是这种病，我们除难过而外，对三哥却有无限敬意，写信时请告诉他，住在北方的我们，连同两个孩子在内，对他致深切的慰问和无上的敬礼。现在我们亟于要知道的，他的症状碍不碍事，有无完全复原的希望，希望上天同一切的神灵保佑他，使他得归于平安。

信写至此，报来了，看到报纸上鲜明的几行红字，南京完了！真

---

[1] 三哥即沈从文的弟弟沈荃（字得余）。三哥病了的消息，指沈荃在浙江嘉善阻击日军血战中负伤的消息。

快，这使我们不解。这里预备南京陷落，早已筹备庆祝大会，今天九时将放炮庆祝，明天将张灯结彩，吹吹打打，大举游行，热闹盛况，较之保定太原陷落时当更过之，无不及也。

算算日子，杨小姐等早该到了，我这里已接得她廿三号由香港来的信，由香港到长沙，有樊先生等同行，途中安危当早顾虑到，只是我卅号拍一电至长沙，至今未得复，不知何故。

来信说钱又完了，杨先生也窘。幸而我们未冒险上路，这一大家人到了武汉，路费还不够，你说怎么办！难道全累倒杨先生么？说不过去。完全仰仗爸爸给寄钱，你那位丈母娘大人的脾气你难道还不知道，人情冷暖，我们非至万不得已时，勿遭人白眼才是。现在健吾既三番四次把钱给我们用，暂时日子有得过，只要大家苦苦的把难关渡过，精神好，身体好，一切都好办。希望你懂事一点，勿以暂时别离为意，我的坚持不动原早顾虑及此，留在这里也硬着头皮捏一把汗，因为责任太大，一家人的担子全在我身上，我为什么不落得把这担子卸到你身上，你到这时自可以明白，你当时来信责备得我好凶，你完全凭着一时的冲动，殊不知我的不合作到后来反而是同你合作了。

今天礼拜六也许可以见到王正仪，他不来，我拟去找他。钱拟付给他一百元。接到电报后即可去八姐处取钱。望省俭着用！

余不赘，颂安。

三妹

十二月十一

□ 北 平

（一九三八年三月二十二日）

沅陵十五　三月廿二

二哥：

　　这张纸在桌上摆了一整天了，早上就预备写——不，前天就预备写的信，这时候才来动笔，两孩子已睡定，鼾声停匀，神态舒适，今晚这封信大概可以完成，可是信寄到时，你应已作万里云南之行了。

　　两孩子都种了痘，小的情形好，痘已发，连第一次种痘例有的烧热都未见有，身体算好。大的可糟，又像去年一样，冻病了。本来可以不用脱衣的，因为我已特地为他换了一件袖子宽大的毛线衣，讨厌的人人医院的护士，一定要脱，把衣服脱掉露出光膀子种，种完了又得等干，干了以后才包扎穿衣，这样就冻着了，烧热两日，情形可怜，瞧着怪难过。幸而现在已好，成天喊肚子饿，淘气得很。小虎的

145

毛衣同内衣因我已预先改制过，故未着凉，他身体原来好，也经事些。

连日接上月廿二、廿四、廿五、廿九及三月一日各信，知萧乾已行，你们不出十天也得上路。我寄沅陵信你才收到两信，不明白这边情形，难怪你着急。家里大小，除了小龙种痘出了上述的毛病外，其余人个个身体不错。九妹一切都好，只是处在目前情形下，日子似过得更无聊。有一天晚上，我们正吃饭，谈着别人家的闲话，她忽然哭了，我不知道什么缘故，第二天饭也不吃了，只吃了些面。那天她曾有一封信寄给你，我猜她一定是太寂寞，遇事便不如意。那两天正赶着小龙发烧，小虎第一次种痘，我也伤风，又得喂奶。我不会说话，不能像你在家那样哄哄说说，骂骂又笑笑，心里揪作一团，一点办法没有。她又像是不高兴我，又说全然不干我事，只是她自己想着难过罢了。所幸过了两日，暗云即过，脸上又见了笑容，现在到孙姐家去了，今天已住了第三日。以前她老说要走，说就是做叫花子到自己的地方总高兴些。前一阵，那个一见飞机来就吓得脸色发白两腿直打哆嗦的邓小姐来，商量同九妹去南方，她们觉得住在这里无聊，闲着又惭愧，要走，要找工作做，说是任什么苦都得忍受。对这意见我不敢赞同，因为我知道她们俩都不是能吃苦的人，无非唱唱高调罢了。可是若当真有一天她不愿住到这里，一定要走，你又不在这里，我想到我身上的责任，我极烦恼。我自己呢，日夜为两个孩子绊着，用的人，一个太老，一个太娇，自己又不能干，因此就显得更忙更累。你屡次来信说要我译书，是你不明白我的情形。说起来心痛，这样下去，我也完了。我现在唯一的愿望，是俭俭省省的过，大家能相安，帮助我把这难关渡过，因为要俭省，就不得不自己多添忙累，因为要俭省，就使得家里人心里不愉快，这是必然的结果。可是这个家在我手里，我不省怎么办？你向来是大来大去惯了的，你常常怪我太省，白费精神，平日不知节俭，这时候却老写信要我俭省，你不是把恶人同难题都给我做吗？事情看来容易，说来容易，临到自己做来就全然不同了。我不会说话，不愿说话，我心里种种，你明白，你明白的。你们难民团有人不守秩序，给你的烦恼，你觉得难受，又说不出，而我，一向就是过的你那样生活的。

前两天又得杨先生自长沙金城银行汇来二百元，打算全部还给健吾，就同他清账了。另寄一百五十也交健吾，一百是之琳预备寄回家的，五十之琳还芦焚，这一还，我这边就不欠什么账了（只用过之琳一百六十，二月三月的钱）。

今天小龙收到大伯伯的信，我念给他听，听后他抿着嘴笑，他有一张放大的相，王家姨父放的，将送给大伯与大妈。

"其"字你常用错，如"王树藏还好，萧乾每日逼其写字读英文"，这就错了，因为"其"字一向作"他的"解，如"杨大少爷与其新妇"就对了。我怕你写信给别人也会写错，故而相告，你莫又讥笑我是文法大家啊！

接之琳信，合肥我们一家人已上行到了汉口，一部分人且已入川，四妹尚拟留汉口找事做。你们若得知他们确实地址，见告为要。

这边又有了谣言，都说四月里不妥当。瑞菡一家人劝我们去上海，我想同夏老表、常风、正仪诸人商量商量。夏云到平后只来过一次，至今未来。若不走，在下月中旬就得搬进那小而破的房子去。

九妹回来了，她说想去上海，又想回沅陵。回家太危险，无伴怎能去？到上海又将累大姐，奈何！

三

致张兆和

□ 沅　陵

（一九三八年四月三日）

四月三日十一时

三姐：

　　十二、十三、十四号信都收到，孩子大小相片见到五张。放大相顶美，神气可爱。有同乡老前辈见到，说小虎简直与其祖父幼小时完全一样。祖父成人时壮美少见，小虎长大一定也极好看。小龙样子聪明，只是缺少男子雄猛气分。

　　家中紫荆已开花。铁脚海棠已开花。笋子蕨菜全都上市，蒜苗也上市。河鱼上浮，渔船开始活动，吃鱼极便利。

　　院前老树吐芽，嫩绿而细碎。常有不知名雀鸟，成群结队来树上跳跳闹闹。雀鸟声音颜色都很美丽。小国角芭蕉树叶如一面新展开的旗子，明绿照眼。虽细雨连日，橘树中画眉鸟犹整日歌唱不休。杨柳叶已如人眉毛。全个调子够得上"清疏"两字。人不到南方，对于这两个字的意义不易明白。家中房子是土黄色，屋瓦是黑色，栏杆新近油漆成朱红色，在廊下望去，美秀少见。耳中只闻许多鸟雀声音，令人感动异常。黄鸟声尤其动人。

今天星期，这时节刚吃过饭。我坐在写字桌边，收音机中正播送最好听音乐，一个女子的独唱。声音清而婉。单纯中见出生命洋溢，如一湾溪水，极明莹透澈，涓涓而流，流过草地，绿草上开遍白花。且有杏花李花，压枝欲折，接着是个哑喉咙夏里亚宾式短歌，与廊前远望长河，河水微浊，大小木筏乘流而下，弄筏人举桡激水情境正相合。接着是萧邦的曲子，清怨如不可及，有一丘一壑之美，与当地风景倒有相似处。只是派头不足，比当地风景似乎还不如。尤其是不及现前这种情景。

你十三号信上说写了个长信，不曾发出。又似乎想起什么事十分难受。我觉得不要这样子为一些感觉苦恼自己。这是什么时代？这时代人应当有点改变，在空想上受苦不十分相宜。我知道你一定极累，我知道孩子累你，亲人、用人都累你，得你操心。远人也累你，累你担心一切。尤其是担心到一些永远不会发生的事情。我看到你信上说的"你是不是真对我好"，我真不能不笑，同时也不能不……你又说似乎，什么都无兴味了，人老了。什么都无兴味，这种胡思乱想却有兴味。人老了，人若真已衰老，哪里还会想到不真对你好。我知道，这些信一定都是你烦极累极时写的。说不定还是遇到什么特别不如意时写的。更说不定，还是遇到什么"老朋友"来信或看过你后使你受了点刺激而写的。总而言之便是你心不安定。我住定后你能早来也许会好一点。你说想回合肥真是做梦，你竟似乎全不知道这半年来产生了些什么事，不知道多少逃难者过的是什么日子，经验的是什么人生。我希望你注意一下自己，不要累倒，也不要为想象所苦恼。

希望你译书，不拘译本什么书都好，就因为我比你还更知道你，过去你读书用心，养成一种细致头脑，孩子只能消磨你的精力，却无从消磨你的幻想或思想。这个不曾消耗，积堆过久，就不免转入变态。或郁结成病，或喜怒无常。事后救济和事先预防，别无东西，只有工作。工作本身即无意义，无结果，可是最大好处却……[1]

---

[1] 现存原信缺尾。

□ 沅 陵

（一九三八年四月十二日第一信）

十二午

三姐：

　　小院子已绿成一片。老树也绿了，终日有八哥在树上叫，黄昏前尚叫个不止。居常天明以前落雨，白天不落雨。便在雨中，也有雀鸟叫。我们定明天上路，看情形，在这里恐不容易得到你来信了。这时节你一定以为我们业已上路。殊不知还是坐在廊下听鸟声。

　　路上至少得十天。试想想，上西山只是一点钟汽车，这里却得整整十天！爬的山至少比西山高二十倍，有些地方百里内无住户人家，无避雨处，无烧火处。路上情形，可以想见。可是一切有数，不用担心。这信到得你手边时，我或者已到昆明和熟人全见面了。也许半路出了意外（这是乱世极平常的），你记着一件事，不必难受，好好的

152

做个人为是。国家需要你这样，孩子需要你这样，尤其是二哥，盼望你这样。死者完事，生者好好的活。使孩子健康长大，受良好的教育，不堕落，有父亲之刻苦做事，厚道待人，有母亲之明大体，爱清洁，守秩序，这就是成功，也就是做人。忘了我的小毛病，数年来对你的许多麻烦，且忘了我的弱点。应当忘掉的都得忘掉，莫为徒然痛苦所压倒。正因为未来日子甚长，可做事还多。你还年纪很轻。我知道说到这点会使你难过起来，可是不能不说说。我倒什么都不怕，遇什么都受得了，只是想念及你和孩子，好像胆量也小了，心也弱了。本来定今天上路，就因为担心心弱，腰部不大舒服，便休息了一天。小五哥已于前天上路，他的通信可由晏池先生转。

很想念小虎，半年来不见他，已想不出是个什么样子。头发眼睛想不出，神气也想不出。九妹若想过上海，有伴上路，让她上路。大姐三嫂同住，到了那里，日子也许可以变变。不想走，即需好好过日子。这世界，万千人都欲活不能活，我们能吃、喝、住，毫无困难，应当知道已不容易。再不好好过日子，等等不知自重，自己向自己捣乱。回沅陵住是妄想，房子虽好，生活如何支持？大哥因三哥困难，不寄钱来，生活并不从容，性情认真而天真，九来恐过不惯。将来也许可望你们都来住，你们一同来住。这地是为小虎小龙准备的。在我住楼房右手，现在只有一匹马，三五株竹子，两堆芭蕉，一片草。房子约四五百元可以成就。花钱极少，弄得极好看合用。我希望到八九月你们当真便可来这里住。小虎到这里来，必十分快乐，因为鸟雀之多，不可形容。小龙来时一定只想上城，屋后不远即可上城，在城上可看的很多。鱼很新鲜，美观之至，在河边可看人打鱼。河边虽不如青岛海边好看，并且不如海边干净，可是船只极多，木筏也好，颜色气味都令人感动。负柴担草妇人过渡时，尤其好看。半渡时两岸如画，四围是山，房子俨然全在山上。房子颜色很美，对河即可看到。走近北门时，高石墙如城，藤萝缭绕，上不少阶石才到大门，进门青翠扑人。如你当时同杨小姐一路，这时住这里，必觉得比上昆明好。在廊下看山，新绿照眼，无法形容。鸟声之多而巧，也无可形容。近日来常有一八哥，老老实实稳当当坐在新发叶子的老树枝上，叫了一会又休息休息，听别的鸟叫，休息过后又接着叫。杜鹃还不曾开口。

四弟焕顿首[1]

四月十二

---

[1] 沈从文在沈家男性中行二，故给张兆和的信中常自称"二哥"或"二弟"。若包括已夭亡的姐姐，他在沈家又行四。"焕"是原名岳焕的简写。

□ 沅 陵

（一九三八年四月十二日第二信）

十二黄昏

三姐：

昨天黄昏感觉疲倦，腰部大不舒服，因此上了床，决定停一天再走。因此今天不走。白天写信时觉得很好，到下午有点不妥，尚以为信写得太多了的原因。吃过饭，便觉得又有点和昨天差不多情形，肚子咕噜噜作响，人很疲倦，又想睡。骨节作痛。情形与昨天一样，与小五哥杨小姐数日前所患也一样。应当体息再说。可是行李已打了包，什么都准备好了。还是决定明天上路，一切交之予天：不上路我也不成。钱已快用光了。不上路什么都得重新想法。也许在边境上我可休息两天，因等车而休息。

这时节已将近黄昏，尚可听到八哥和画眉叫声。城头上有人吹号角。我有点痛苦，——不，我有的是忧愁，——不，我只是疲倦而已。我应当休息，需要休息。

想起你每日为孩子累倒的情形，我心中充满同情。若两人在一处，这疲倦便抵消了，会很平静的坐在廊下，看黄昏中小山城炊烟如何慢慢上浮，拉成一片白雾，一切鸟声市声犹如浮在这白雾里。

×小姐同刘家父女同大哥正在楼下小房中玩牌，大家都欢喜大哥。

过一会儿我也许还可听听音乐，想它会能恢复我一点力量，一点生气。如明天可以上车，明天这时节，我一定住在一个小小旅馆里，地方比这里小得多，可是风景却美丽得多。住的地方是黔湘边境，说不定入夜即可听狼嚎，听豹子吼。

头有点闷重。应当休息。又似乎吃错了冷茶，我记起了我不宜于吃冷茶，一吃即出毛病。多久以来即注意到这件事。不凑巧今天又这么来了一下。

这里黄昏实在令人心地柔弱。对河一带，半山一条白烟，太美丽了也就十分愁人。家中大厨子病霍乱一天，即在医院去世，今天其父亲赶来，人已葬了，父亲即住在那厨子住的门房里，吃晚饭时看到那老头子畏怯怯的从廊子下边走到厨房去，那种畏怯可怜印象，使我异常悲悯。那么一个父亲，远远的跑来，收拾儿子一点遗物，心中凄凉可知。尤其是悲哀痛苦不能用痛哭表现，只是沉默默地坐在那门房里，到吃饭时始下厨房去吃饭。同住的是个马夫，也一句话不说，终日把他的烟管剥剥剥敲房枋。小五哥一走，天又下雨，马像是不大习惯，只听到在园中槽口上打喷嚏。园中草地已绿成一片。

小虎小龙和你若这时在我身边，我一定强多了。

窗间还亮，想睡又觉太早。

孩子使你累得很，到累倒时，想想我的情形，会好一点。我不会忘记你们的。黄昏，半夜时听隔屋孩子哭声，心里也很动念，仿佛哭的是小虎。

小龙一定不常哭了。天气转暖，孩子一定已可穿薄夹衣看花了，这里我又穿上了棉袍，也许还得一直穿上昆明。被盖留下大丝棉被，换了一床蓝色绸纱的，比较小，比较轻。箱子只带两个小的，大的不带。将来要带也方便，邮局寄运行李较公路自带还稍贱。

黄昏已来，只听到远远的有鸟雀唤侣回巢，声音特别。有孩子笑嚷。我想给你们寄点印花布，做孩子被单，这里印花布太美，来不及了，将来或要大哥寄，当信寄可收到。

手边有一本选集，一本《湘行散记》，一本《边城》，一本《新与旧》，一本《废邮存底》，象征卅年生命之沉淀。我预备写一本大书，到昆明必可着手。

健吾有信来，奇怪……据说是爱国女学的学生。想来很有意思，因料不到有那么一个人同看电影，同过日子的。

大姐无信来，想已回上海，又以为我们上了路。若彼尚在汉口，必可见小五哥。

听到杜鹃叫了，第一次听它，似在隔河。声音悲得很。无怪乎古人说杜鹃悲啼，神话中有杜鹃泣血故事。几个北来朋友还是一生第一次听到它。声音单纯而反复，常在黄昏夜半啼，也怪。

吻你和孩子。

四弟

四月十二下七时

□ 沅 陵

（一九三八年四月十三日）

四月十三早四点

三姐：

　　天尚未亮，隐约中可见到一些山树的轮廓，和一片白雾。不知何处人家，丧事经营，敲打了一整夜锣鼓，声音单调而疲乏，一定当真疲乏了。和尚同孝子，守夜客人和打杂帮工，在摇摇欲坠的烛光中，用鼓声唱呗声振奋自己。耳朵中也听到鸡声，且估计到厨房中八宝饭早点莲子羹，热腾腾的在蒸笼里等待着。这鼓声大约一千年前就那么响着，千年来一成不变。

　　杜鹃各处叫得很急促，很悲，清而悲。这鸟也古怪，必半夜黄昏方呼朋侣，就其声音之大，可知同伴相距之远，与数量之稀。北方也有，不过叫声不同罢了。形体颜色都不怎么好看，麻麻的，飞时急而乱，如逃亡，姿势顶不雅观。就只声音清远悲酸。

我们准备五点半就过江，还得叫城门，叫渡船，叫……所谓内地旅行便如此。"鸡声茅店月，人迹板桥霜。"写的就正是这种早发见闻、渡江时水上光景异常动人，竹雀八哥尚在睡梦中——在睡梦中闻城里鼓角，说不定还做梦，梦到被大鸟所逐，恶犬所捕，或和黄鸟要好：一切鸟都成双，就只黄鸟常常单身从林端飞出。叫声也表示它的孤单。啄木鸟也孤单，这孤单却正说明立场在各自工作求食，与黄鸟孤芳自赏性格不同。

大家都起床了，只待上路，得下山，从一个出窑子的街（尤家巷）过身，说不得过路时还有狗叫，那些无顾客姑娘们，尚以为是别的主顾出门！出了尤家巷到大街，门照例是掩上的。城门边有个卖豆腐的人，照例已在推磨打豆腐了。出城时即可见到一片江水，流了多久的江水！稍迟一点过渡，还可看到由对河回来的年轻女子，陪了过往客人睡了一晚，客人准备上路，女人准备回家。好几次在渡船上见这种女子，默默地站在船中，不知想些什么，生活是不是在行为以外还有感想，有梦想。谁待得她最好？谁负了心？谁欺她骗她？过去是什么？未来是什么？唉，人生。每个女子就是一个大海，深度宽泛，无边无岸。这小地方据说就有五百正规女子，经营这种事业。这些人倘若能写，会有多少可写的！

鸡叫得较促，夫役来了，过廿分钟我就在渡船边了。小虎这时节也许已经醒了，你小房中灯已亮，小龙也许正在叫姆妈，翻了个身。

这纸上应当有杜鹃声，鼓角声，鸡声，以及楼下大哥大嫂安排物件话语声。同时且应当有另外一种声音，宝贝。

吻两个孩子。

四弟

五时过十分

□ 昆 明

廿九晚十一点

三姐：

已夜十一点，我写了《长河》五个页子，写一个乡村秋天的种种。仿佛有各色的树叶落在桌上纸上，有秋天阳光射在纸上。夜已沉静，然而并不沉静。雨很大，打在瓦上和院中竹子上。电闪极白，接着是一个比一个强的炸雷声，在左边右边，各处响着。房子微微震动着。稍微有点疲倦，有点冷，有点原始的恐怖。我想起数千年前人住在洞穴里，睡在洞中一隅听雷声轰响所引起的情绪。同时也想起现代人在另外一种人为的巨雷响声中所引起的情绪。我觉得很感动。唉，人生。这洪大声音，令人对历史感到悲哀，因为它正在重造历史。

我很想念小虎小龙，更想念起他们的叔叔[1]，因为叔叔是很爱他们，把他们小相片放在衣袋中的。一年来大家所过的日子，是什么一种情形！我们隔得那么远，然而又好像那么近。这一年来孩子固然会说话了，可是试想想，另外一个地方，有多少同样为父母所疼爱的小孩子，为了某种原因，已不再会说话，有多少孩子，再也无人来注意他！

我看了许多书，正好像一切书都不能使一个人在这时节更有用一点，因为所有书差不多都是人在平时写的。我想写雷雨后的边城，接着写翠翠如何离开她的家，到——我让她到沅陵还是洪江？桃源还是芷江？等你来决定她的去处吧。

近来极力管理自己的结果，每日睡六小时，中时还不必睡，精神极好。吃饭时照书上说的细嚼主义，尤有好处，吃后即做事，亦不觉累。已能固定吃两碗饭。坐在桌边，早到晚，不打哈欠。

孩子应多睡一点，因为正在发育，大人应当少睡，方能做出一点事情！

卅早七点

一家人都上西山玩去了，只剩下我一个人坐在桌边。白天天气极

---

[1] 作者的弟弟沈荃，自一九三七年在浙江嘉善保卫战负伤后，一九三八年在九江沽塘与日军血战中又一次负伤。

好，已可换薄夹衣。但依然还不至于到要吃汽水程度。所以这里汽水从不用冰冰过。看看大家都能够安心乐意的玩，发展手足四肢之力，也羡慕，也稀奇。羡慕兴致甚好，稀奇生活毫无建树，哪有心情能玩！据我个人意思，不管又学什么，一天到晚都不会够，永远不离开工作，也不会倦。可是我倒反而成为病态了，正因为大家不觉得必须如此，我就成为反常行为。翟明德视为有神经病，你有时也觉得麻烦，尤其是在做事时不想吃饭，不想洗脸，不想换衣，这一类琐事真够麻烦。你可忘了生命若缺少这点东西，万千一律，有什么趣味可言。世界就是这种"发狂"的人造成的，一切最高的纪录，没有它都不会产生。你觉得这是在"忍受"，我需要的却是"了解"。你近来似乎稍稍了解得多一点了，再多一点就更好了。再多一点，你对于我就不至于觉得凡事要忍受了。

近来看一本变态心理学，明白凡笔下能在自己以外写出另一人另一社会种种，就必然得把神经系统效率重造重安排，做到适于那个人那个社会的反应，——自己呢，完全是"神经病"。是笑话也是真话，有时也应当为这种人为的神经病状态自悼，因为人不能永远写作，总还得有平常人与人往来生活等等，可是我把这一套必需方式也改变了，表面上我还不至于为人称为"怪物"，事实上我却从不能在泛泛往来上得到快乐，也不能在荣誉、衣物或社会地位上得到快乐。爱情呢，得到一种命运，写信的命运。你倒像是极乐于延长我这种命运。为我吻孩子。

四弟上

□ 昆 明

（一九三八年八月二日）

八月二日下午

三姐：

得孩子们相片，并七月十六日信。小虎简直太像洋娃娃了，大家都觉得好看得可笑，都愿意他早来受众人欢迎。他不来很耽搁我事务，因为望着他那睁得极大对一切俨然惊奇的眼睛，我就好笑，什么也不用做了。文件已办，日内寄港。

真一来信说你想由上海转船。我看还是香港好，因为那里有萧三哥和你二弟照料一切，省事而方便。来时记着，为你和九和孩子，到港"白塔"那么一个外国名铺子，各买胶底麻麻的织成材料的鞋子一双，徐植婉说大人的只一元八一双，这里可买不着。但鞋子到这里穿它可顶合用。我也需要，只是不便带，就不带。

树藏款算来应已拨到。各书各物不必吝惜，丢的丢，不要紧。我那些宝盘子尽可能带来存老伯伯处好，带来也好，全寄存瑞菡处更好。这里不需要它，因为走动时磕磕撞撞不便。这里有四个。最可惜的是在家打破那个小的，旁边有小眼儿的，只剩下些碎片，非常可惜。我们若当真在北方住上十年，我的收藏倒真可成一格，能印出书来必成为一本很有价值的书。现在已不可能了。我拟在无事时写一本忆盘录，用顶新方法来写它，每个盘子成为一个故事。

但愿路上平安。

熟人统问好。

四弟

□ 昆　明

（一九三八年八月十九日）

三姐：

　　这信是托一个人带来的：我为给你写信，脑子全搅乱了，不知要如何写下去好。我很希望依然能够从从容容同你谈点人事天气，我写来快乐点，你看来也舒服点，但是办不到。一写总像同你生气似的，我为你前一来信工作又搁了一礼拜。心里很乱，头很乱，信写来写去老是换纸。写到后来总不知不觉要问到你究竟是什么意思，是打算来，打算不来？是要我，是不要我？因为到了应当上路时节还不上路，你不能不使人惑疑有点别的原因。你从前说的对我已"无所谓"，即或是一句"牢骚"，但事实上你对于上路的态度，却证明真有点无所谓。我所有来信说的话，在你看来都无所谓。

　　你的迁延游移，对我这里所有的影响是什么事也不能做，纵做也不会好。这样下去自然受不了。

所以我现在同你来商量，你想来，就上路，不愿意来，就说"不来"（不必说什么理由，我明白理由）。从你信上说准了不来，我心定了，不必老担着一份心，我就要他们把护照寄回缴销，了一件事，如此一来，你不会再接我这种无理催促的信，过日子或安静一点，我不会巴巴白盼望，脑子会好一点。

决定不来后，这半年还要多少钱，可来信告我一声，当为筹措拨来。我这里一切情形，你无兴味，我将不至于再来连篇累牍烦你了（你只说是为孩子，爱他，怕他们上路受苦所以不来，不以为是变相分离，这一切都由你）。我这里得到你决定不来信息后，心一定，将重新起始好好的过日子下去。再不做等待的梦，会从实际上另外找出点工作去做。

我们这里事务年底结束一部分，明年从新另作。你们来，我自然留下不动，若不来，或到那时我就换个地方。有好些地方我都可去，同小龙三叔一处，就是种很好的生活。虽危险点，意义也好点。

给我来信时说老实话，不要用什么不必要的理由，表示你"预备来，只是得等等"，如此等下去。这么等下去是毫无意义的，费钱，费事，费精神的。时移世变，人寿几何？共同过日子，若不能令你满意，感到麻烦和委屈，我为爱你，自然不应当迫促你来受麻烦受委屈。只要你住下来心安理得，我为忏悔数年来共同生活种种对不起你处，应尽的责任必尽。为了种种不得已原因，我此后的信或者不能照往常那么多了，还望你明白这时是战争，话不好说，也无什么可说，加以原谅。你只好好照料孩子，不必以远人为念。我自己会保重，因为物质上接济，对孩子们责任，我不至于因你任何情形，我就不肯负责。凡是我对你们应尽的责任，永远不会推辞。

我心乱也只是很短期间的事，痛苦也不久长，过不多久就会为"职务"或"责任"上的各种工作，来代替转移了。我很愿意你和孩子幸福而快乐。很愿意你觉得所有的打算，的确使你少些麻烦，忘掉委屈。单独住下来比同我在一处，有意思些，安静些，合乎理想些。

我写到这里时心很静，不生气，不失望。我依然爱你和孩子，虽然你们对于我即或可有可无，我也不在意。这里天气热时，可以穿夹衣，今天天气又冷一点，我的厚驼绒袍又上身了。桌上有两个孩子的相片，很乖很可爱。我看了许多书，看书的结果，使我好像明白了些过去不明白的事情。看苏格拉底，那种做人的派头，很有意思。看……写这个信时，竟似乎把六七年写信的情绪完全恢复过来了。你还年轻，不大明白我，我也不需要你明白。你尽管照你打算去生活吧。

我很想用最公平的态度，最温和的态度，向你说，倘若你真认为我们的共同生活，很委屈了你，对你毫无好处，同在一处只麻烦，无趣味，你无妨住下不动。倘若你认为过去生活是一种错误，要改正，你有你的前途，同我在一处毁了你的前途，要重造生活，要离开我重新取得另外一份生活，只为的是恐社会不谅，社会将事实颠倒，不责备我却反而责备你，因此两难，那么，我们来想方设法，造成我一种过失（故意造成我一种过失），好让你得到一个理由取得你的自由，你的幸福。总之在共同生活上若不能给你以幸福，就用一别的方法换你所需要幸福，凡事好办。我在小问题上也许好像是个难说话的人，在这些大处却从无损人利己企图，还知所以成人之美，还能忍受，还会做人。我很希望你处置这类事，能用理智，不用情感。不必为我设想，我到底是一个男子，如果受点打击为的是不善待你而起，这打击是应当忍受的。我已经是个从世界上各种生活里生活过来的人，过去的生活上的变动太大，使我精神在某方面总好像有点未老先衰的神气，在某方面又不大合乎常态，在某方面总不会使近在身边的人感到满意，都是很自然的，不足为奇的。我也可以说已经老了。你呢，几年来同我在一处过日子，虽事事委屈你受挫折麻烦，一言难尽。孩子更牵绊身边，拘束累赘消磨了少年飞扬之气不少。但终究还年轻得很，前途无限。在情感上我不绊着你，在行为上孩子不绊住你，你的生活还可以同许多女孩子一样，正可在社会上享受各种的殷勤，自由选择未来的生活。要变更生活，重造生活，只要你愿意，大致是非常便利的！不用为我设想，去做你所要做的事情罢。倘若我们生活在委屈你外一无所得，我决不用过去拘束你的未来行为。你即或同我在一处，你还有权利去选择你认为是好的生活。你永远是一个自由人。

我把住处已整理得很好了，窄而小，可是来个客坐下时很舒适，两个长篇已开始载出，一个八月十三起始，一个八月七号起始。我想想，我这个人在生活上恐怕得永远失败了，弄不出什么好成绩了，对家人，朋友，都不容易令人如何满意（即或我对此十分努力也是徒然），我的唯一成就，或者还是一些篇幅不大的小册子。我的理想，我的友谊，我的热情，我的智慧，也只能用在这一堆小册子上。即如这些作品，所谓最好的读者，也不会对之有多少认识，不过见着它在社会上存在，俨然特殊的存在，就发生一点兴味罢了。真正说来倒是孑然孤立存在到这个世界上，倏然而来悠然而去，对这个流俗趣味支配一切的世界是不生多大影响的。想到这里，我毫无悲伤情绪。我正在学习古来所谓哲人，虽活在世界上，却如何将精神加以培养，爱憎与世俗分离，独立阅世处世的态度。学认识自己，控制自己，为的是便于观察人生，了解人生。自己做到不忧，不乐，不惧，不私地步，看一切就清楚许多。目前还不免常有所蔽，学养不到家，因此易为物囿。在作品上能表现"明察"，还不能表现"伟大"，再经过一些试练——一些痛苦的教训，一种努力，会不同点。间或也不免为一些人事上的幻念所苦，似乎忍受不来，驾驭不住，可是一切慢慢的都会弄好的。譬如你即或要离我他去，我也会用理性管制自己，依然好好的做事做人，且继续我对孩子应负的责任。在任何情绪下我将学习"不责人"的生活观。不轻于责人，却严以律己，将自己生活情感合理化，如此活在这个社会中，对于个人虽很容易吃亏，对于人类说不定可望有一点不大不小的贡献。

不要以为我说的是气话，我无理由生你的气。我告你的是你应当明白的。至于你自己呢，你似乎还不大明白你自己，因此对我竟好像仅仅为迁就事实，所以支吾游移。对共同过日子似乎并无多大兴味，因此正当兵荒马乱年头，他人求在一处生活还不可得，你却在能够聚首机会中，轻轻的放过许多机会。说老实话，你爱我，与其说爱我为人，还不如说爱我写信。总乐于离得远远的，宁让我着急，生气，不受用，可不大愿意同来一点平静的生活。你认为平静是对你的疏忽，全不料到平静等于我的休息，可以准备精力做一点永久事业。你有时说不定真也会感到对我"无所谓"，以为许多远近生熟他人，对你的尊敬与爱重，都比我高过许多，而你假若同其中一个生活，全会比同我在一处更合宜，更容易发展所长。换言之，就是假若和这些人过日子，一定不至于有遇人不淑之感。可是你却无勇气去试验，去改造。这有感想难实现的种种，很显然只能更增加你对事实上的我日觉得平凡，而对于抽象中的他人觉得完美。我很盼望你有机会证实一下你的想象，不必为我设想，去试验另一种人生。如果能得到幸福，那是你应当得到的幸福，如果结果失望，那你还不妨回头，去掉那点遇人不淑之感，我们还可把生活过得上好！你既不能如此，也不肯如彼，所以弄得成现在情形。你要怎么办（爱我或不爱我），我就不大明白，你自己也仿佛不十分明白。（正因为如果自己很明白，就不至于对行止游移，且在游移中迁延时日了。）不相信试去想想，分析一下自己，追究一下自己，看看这种游移是不是恰恰表现你主意不定的情状。（表示你不愿来，不能去，以如此分开权为得计的情状。）这么分开两地，原来只是不得已而如此，你却转以为好，有办法和机会带孩子来，尚不自觉见出你乐于分居的态度。我说的不自知，正即谓此。你还不大知道这么办对目前为得计，对长久如何失计。因为如此下去，在你感觉中对我的遇人不淑之感，即或因"眼不见心不烦"可以减少一些，对人的证实幻想机会却极多，又永不去完全证实一下，情形就很容易成为对我的好意的忽略，对自己无决断无判断力的继续，你想想，这于你有什么好处？孩子有什么好处？你对南行的态度就恰恰看出你对生活的态度。你若自己知道的多一点时，行或止都会有更确定的主张，拿得出这种主张。

在来信上我老爱问你："究竟意思是怎么样？"因为你处处见出模糊。我还要说"一切由你"，免得你觉得我对你有所拘束，行动不能自由，无从自主。我很需要你在一切自由情形下说明你的意思。要甘苦与共的同过患难日子？要生活重造不再受我的委屈？要不即不离维持当前形势？不妨在来信中说个明白。我可以告你的是：我决不利用我的地位，我的别的拘束你，限制你，缠缚你。你过去当前未来永远是个自由人。你倘若有什么理想，我乐于受点损害完成你的理想。你要飞，尽可飞。你如果一面要迁就事实，一面又要违反事实，只想两人生活照常分得远远的，用读读来信打发日子，我只怕在短期中你会失望，这种信写得来也寄不来，因为这时代是"战争时代"！看看这一天又过去了，什么事也不能做，写了那么多"老话"。斜阳在窗间划出一条长线，想起自己的命运，转觉好笑。我自己原来处处还是一个"乡下人"，所有意见与计算，说来都充满呆气，行不通的。家庭生活不能令你发生兴趣，如此时代，还认为在一处只有麻烦，离得远远的反而受用，你自然是有理由的。我的生活表面上好像已经很安定了，精神上总是老江湖飘飘荡荡。情绪上充满了悲剧性，都是我自己编排成的，他人无须负责也不必给予同情的。我觉得好笑，为什么当时不做警察，倒使我现在还愿意做一警察。

　　　　　　　　　　　　　　　　　　　　四弟兆顿首

　　　　　　　　　　　　　　　　　　　　八月十九

张兆和致沈从文

◻ 北　平

（一九三八年八月二十五日）

昆云卅七八月廿五

二哥：

　　得萧三哥转来你八月五日的信，知道文件已办好寄香港，你一定日日盼望我们来，在车站接我们，一定有许多信寄过香港了。可是我们还安然不动，要在下月底动身，为时尚有一月，我知道你得到这消息一定很生气，责怪我不要紧，希望你自己莫生气，我要你不生气。

　　写信托小陆买船票那天（十九日），正是我们指定要坐的"德生"轮离开天津的日子，就是邓先生不叫我们等他，这趟"德生"也是赶不及的。我们一定要坐这个船，听八姐说只有这只船完备而有房舱。我们坐房舱，让孩子可以有个较舒服的房舱。邓先生又说七八月闻正是海上风浪大的时候，秋凉时当较好，我们不一定要叶先生带我们走，可是邓先生却希望我们等他。邓先生身体又坏，又小心，是

175

个老人家，同他一块走也好，本来我们已注射了霍乱针，现在又注射伤寒。听说叶先生已到天津，现在当已到平。我们不想同他一块，他的太太又说要走，不知道究竟怎样。张子高九月底也走，可是他有个多病的太太，我们也不想麻烦人家。倒是瑞蔼的大姐，也许能同我们打伴走，她已经有信去问姐夫，姐夫在蒙自，若他赞成他们南来，她会把相片寄给你，请你为他们办一办护照，她自己的大女孩不带，丢在外婆家，只带一个同小虎同岁的小男孩和前头太太的三个男女孩子，若他们请你办照，详细情形会有信给你。照办好也请寄香港。邓先生照托杨先生办，也望早寄。

我很想从从容容写封信给你，无奈总没有那种悠闲。昨天我到前门邮局寄了两个包裹，里面装的是书，每个五公斤。一个是《太平广记》一部（也许你又要说我不该寄这种书），一个是西文书同《湘行散记》《边城》各一册。寄过书我到协和教授住宅去看八姐，她泻肚子，我在她住处玩了三小时，算是我的休息，一到家，任何人都不容我有五分钟的休息的。昨晚替杨先生整理日记（被我弄湿了），抹平后重新换一个封面，小虎睡眠中尿了一泡尿，后来我去看看，因为睡得好，我不曾惊动他，只拿一块尿片把湿裤子衬着，夜里天热，又未盖被，不想今天就发烧，真是命运！前一封信我还正说他太胖我快抱不动了，糟糕得很。

很对不起你，我不能赶来帮忙你抄文章。

三

— 霁清轩书简 —

致张兆和

⬚ 颐和园

（一九四八年七月二十九日）

三姐：

　　回来好累，睡了大半天才回复。事情都照吩咐办好，只是把小钥匙也带回来了，一面龙龙又想来看看学校，所以派他回城送钥匙。更重要的还是将以瑞信送上，看看你就知道，这一月恐怕是重头戏：是不是我进城看卷子时，就听他来和孩子们住，反而经济省事？这待你斟酌，或许那么也好。他信是今天晚上才得到的，信上说一号来，你还得事先过中老胡同安排一番！如果他一来金隄不肯再住，还得将住下一切事传授以瑞。尤其是有关门禁事，得记住。

　　今天上午孟实在我们这里吃饭……晚上他们都在魏晋处吃包子……我不能说厌，可是却有点"倦"，你懂得这个"倦"是什么。不知为什么总不满意，似乎是一个象征！我想，如果你还要在城中住半月，我又要看卷子半月，如果这么着，似乎还以提前返回城中（听龙龙住清华瑞芝或王忠处），省事，省费，省精神。不然住下来有轻松也有担负，尤以情绪上负重不受用，而这负重又只有我们自己明白。我近来竟感觉到，霁清轩[1]是个"风雅"地方，我们生活都实际了点，我想不得已就"收兵回营"也好！若你不用在城住得太久，我又只看卷子一礼拜或三五天，可能只看五天，那我们一同在乡下，气概似乎也就壮了一点。这事已到应商讨一下情形。如想回，即作为经济上有困难借口要回，也无关系。今天晚上大家上山"魏晋"一番时，我本来已拟去，忽然烦心起来，竟抽回了。回了就和虎虎写信，预备龙龙带给你。可要希望不把倦和烦心也带给你，因为这也只是说玩的意思，一会儿即过去。我和你有些天生相同弱点，性格无用，脾气最怕使人不快，自己却至多只一小会会不受用。这信到时，应当想到我腹中已不泻，今天很好，早早即起身与孟实上青龙桥买菜；而写这个信时，完全是像情书那么高兴中充满了慈爱而琐琐碎碎的来写的。你可不明白，我一定要单独时，才会把你一切加以消化，成为一种信仰，一种人格，一种力量！至于在一处，你的命令可把我头脑弄昏了，近来命令稍多，真的圣母可是沉默的。虽然我知道是一种爱，但在需要上量似乎稍多了一点，结果反而把头脑变钝了许多。

---

[1] 霁清轩，颐和园东北偏僻处的园中之园，曾划归当时北平市长何思源作消夏别墅。何无暇，让他的老友杨振声去，杨先生又邀请几位北京大学文学院教授和几位年轻朋友，充分利用园内各处空房，自带简单行李，共度暑假。因此有作者一家霁清轩之行。张兆和为照料其弟媳的病而返城，便有霁清轩书简一束。原信似不止五封。

（教育学上早提到这一点！）至于写信呢，你向例却太简单。如果当面说的话能按数量改作信，在一处时，却把写信方法用作生活法则，你过不多久，一定会觉得更多幸福。也能给一家人分享。

我回到中老胡同，半夜睡不着，想起许多事情：第一是你太使我感动，一切都如此，我这一生怎么来谢谢你呢？第二是我们工作得要重新安排一番，别的金钱名位我不会经营，可是两人生命精力要在工作上有点计划来处理处理了。我不仅要恢复在青岛时工作能力和兴趣，且必须为你而如此做，加倍做了。更重要还是我想你生命保留了更多优厚禀赋，比谁都多，都近于搁置不用，如一个未开发的矿一般，再不能继续荒弃下去，要真正来计划一下如何使用了。第三是孩子，龙龙的教育方法和虎虎的体力，需要用一较新观点注意。龙龙要凡事从鼓励引兴趣，虎虎要从医生问计。今天龙龙得小平信，说因心脏病得休养，还可能得停一年学。小平从表面看精力实极好，还有问题。虎虎的骨骼在发育上怕得多给一分注意。几回大胖忽烧而下瘦，一面是病后疏忽，一面那个烧有问题，可能比疟，比蛔虫，比失调还稍微重一点。目下总不离贫血现象，而出汗又多，这事要在开学前去儿童医院看看。最好是努力使他恢复"小胖子"名号。胖而聪明比"瘦机伶"容易照料。关于龙龙，我认为不妨事，功课赶得上，他因为体力活动发展而像是不大读书，不妨事。英文作文可能是我们教的方式有问题。他性格头脑有些成熟处，从感化入手易见功。至于你那个最大的顽童呢？更容易有办法，我下回劝你看三本书，即可完全见功。罚他有个穿黄褂褂的夫人，事情既办不到，沉默的忍受和唠叨的"洗脸！""刮脸！"又都不见效，就换一个方式来看看！这最好方式是要好，不当他是顽童，即当他是一个很可爱的朋友。信托，不太烦琐，一点儿谦退的客气，却不是媚疼，一种以道相勖的商酌，一点鼓励，却不做批评家。秘诀到此为止，再传授下去，我的手脚会有三百处被蚊子叮住了。我还是搁下了这个情书的抒情，来叙叙事吧。

韩先生说一号发薪一部分（似乎有五六千）。你斟酌看，把应买的买买。照我想物价还要上去，比银价快。糖油可以办一些，煤也要些。此外笔我还要买些，孩子也要，这里的很好。也许什么都不宜买，因为要用钱多。要带点款来。菜钱只够一天用了。幸好这些日子鱼不来，鱼钱还可调动。

如果可能，我要好好配一副眼镜，让它像一副和"沈从文"相称的眼镜！不过数目一定可观，这也许要等等看。有特别减价皮鞋得准备一双。

得余处已去信，你也去个信问问三嫂[1]。

离你一远，你似乎就更近在我身边来了。因为慢慢的靠近来的，是一种混同在印象记忆里品格上的粹美，倒不是别的。这才真是生命中最高的欢悦：简直是神性。却混和到一切人的行动与记忆上，我想

---

[1] 三嫂，此处指作者的弟媳。下文的三嫂，指收信人的弟媳。

什么人传说的"圣母",一点都不差。但是一个"黄衫客"（我们就叫那一位作黄衫客好），即或是真正圣母，也不会有什么神性，倒真是一片"人性"！让我们把"圣母"的青春活力好好保护下去，在困难来时用幽默，在小小失望时用笑脸，在被他人所"倦"时用我们自己所习惯的解除方式，而更加上个一点信心，对于工作前途的信心，来好好过一阵日子罢。我从镜子中看去，头发越来越白得多了，可是从心情上看，只要想着你十五年来的一切好处，我的心可就越来越年轻了。且不止一颗心如此，精神体力也都如此。

我想这个信有大半段空白，让你从这个补足我写不完的唠叨。

我正想起从中央饭店离开，坐了个洋车到了车站后，坐在那小箱子上为你写信情形，以及把时间再倒回去，你在学校楼梯口边拿了个牙刷神气。小妈妈，生命本身就是一种奇迹，而你却是奇迹中的奇迹。我满意生命中拥有那么多温柔动人的画像！更感动的是在云南乡下八年，你充满勇气和精力来接受生活的情形，世界上哪还有更动人的电影或小说，如此一场一景都是光彩鲜丽，而背景又如何朴素：小妈妈，我近来更幸福的是从你脸上看到了真正开心的笑，对我完全理解的一致。这是一种新的起始，让我们把生命好好追究一下，来重新安排，一定要把这爱和人格扩大到工作上去，我要写一个《主妇》来纪念这种更新的起始！

你试想想多有趣。捎这种信，按小说上习惯说来，必是什么"绿衣人"，我们的却是一条"紫豇豆"。你看看小龙，可不真是一条紫豇豆！不必揪他的耳朵，让他多吃一个大馒头吧。他们的消化力在家庭中真已成"问题"，我赞成回城以后恢复窝窝头制。隔天半顿，可能把"天才女"胃病也医好！

不必为我的"倦"担心。我总能用幽默自解的！如可以和龙龙去西单办办家务，买点牛肉来也好，经得起上桌子。我想试试看在这种分别中来年轻年轻，每天为你写个信……你好好陪三嫂住下，要她安心入医院，这时大家都说坐不得飞机，莫这时还冒险坐飞机。你也不要为霁清轩一切事操心，能那么办，就可以每天得到那么一个信。

我说是这信得有半页空白，不想半行也不剩下！凡魏晋都已入黑甜乡，大致已夜深了。

从文

七月卅霁清轩[1]

---

[1] 根据前后信内容，此信实写于七月二十九日夜。

☐ 颐和园

（一九四八年七月三十日）

三十晚八时

三姐：

今早龙龙来，想必八点前后即可到城。杨先生来时，因为忘记把虎虎信附入信中，所以托老胥又带上。我早上即和孟实去青龙桥走走，看看乡村早市。带了点菜返回。鸡蛋一枚已到八万，半月中加四倍。

好些日子都无鱼吃，今天凑巧来了十一斤，如一小猪大，是公的。作价百九十万。冯杨二家既不在，我们就独享了它。大家动手处理，计"天才女"割洗烹鱼头，"北大文学院长"伐髓洗肠（到后由天才女炒鱼肺，鱼油多而苦，放弃），我批鳞处理整段，切分成六大件。这个报告若在历史上倒还动人！午后小虎虎一个人把大砖大石砌了个地灶，拾了松球松枝数袋，我举火熏鱼，两人一面谈笑一面动手，计用二小时熏成鱼约六斤。这回手续已弄对。香料不足不能单吃，如果味道还好，将来即可照办。因活动分子服务极敏捷，一会会即把松枝找来备用也。熏鱼还待烹调，未上桌子。饭后他们上山"魏晋"。我和虎虎坐在水边谈天说地，俨然恢复桃源小院子生活。这种谈天比上课好，因为从银河谈到地质。有一件新事可告，我已失去上山"魏晋"能力，脚被湿气弄肿了，恐得有一二天不便行动。已托人带灰锰氧，你也可为便中买点捎来。腹泻倒已止住，唯胃口未回复，不大想吃东西。这实小事，不足念。也不"倦"了，我早说过，只是一时一会儿事，不多久即过去的。我这时只为你有点儿发愁，以瑞这一月住下，我们暑假便算是完了。不得已时，也许还是我一人住城中"省"。精力经济都省。因为我会照料自己，而你和孩子们还可玩玩。

这时已近十点，我和虎虎坐在桌上大红烛下，他一面看《湘行散记》，一面喝柠檬水，间或哈哈一笑，为的是"水獭皮帽子"好笑！哪想到家里也还有那么一个小读者！傅先生明天进城，所以托他捎这个信。有关于家中要什么带什么，如果不能由龙龙办时，望交他办办。这里侉奶奶说要带一块碱，还要半袋面，一包盐，你斟酌看，面可由这里买，或省事些！米还多，不用带。盐碱都不妨在这里买，免烦琐。这里贵不多的。

院子中除了少几个人，其实凡事照常，可是不知为什么，空气竟像是不大一样！我一面和虎虎讨论《湘行散记》中人物故事，一面在烛光摇摇下写这个信，耳朵边听着水声秋蛩声，水面间或有鱼泼剌，小虎虎即哎哟一喊，好像是在他心上跳跃。又问《史记》是谁作的，且把从报纸上看到的罗马史故事复述。因为日长无事，读了许多报上问题。一切如此真实，一切又真像做梦！人生真是奇异。我接触的一份尤其离奇。下面是我们对话，相当精彩：

小虎虎说："爸爸，人家说什么你是中国托尔斯太。世界上读书人十个中就有一个知道托尔斯太，你的名字可不知道，我想你不及他。"

我说："是的。我不如这个人。我因为结了婚，有个好太太，接着你们又来了，接着战争也来了，这十多年我都为生活不曾写什么东西。成绩不大好。比不上。"

"那要赶赶才行。"

"是的，一定要努力。我正商量姆妈，要好好的来写些，写个一二十本。"

"怎么，一写就那么多？"（或者是因为礼貌关系，不像在你面前时说我吹牛。）

"肯写就那么多也不难。不过要写得好，难，像安徒生，不容易。"

"我看他的看了七八遍，人都熟了。还是他好。《爱的教育》

也好。"

一分钟后，于是，小小呼鼾从帐中传出。一定睡得怪甜的。
因为白天活动了一整天。先是上午玩自己钓来的鱼，换水，在水
中还加了些石卵，水藻，十分美观的。随即参加破鱼工作，拿家
伙，研究内部组织。下午一个人做灶，拾松果枝子，参加熏鱼，
并从旁享受创造快乐。饭后谈天，就听我说小时竹林树林溪边种
种，以及熏狗獾、猎野鸡、捉鹌鹑诸事，不胜神驰之至！夜来拉
了一泡大屎，回到炕上时说了许多笑话，听我说到"为妈妈写的
信就成《湘行散记》底本"时，就插口说："想不到我画的也成
书封面！"我说："这书里有些文章很年轻，到你成大人时，它还
像很年轻！"他就说："那当然的，当然的。"小妈妈，你想想小
顽童和我交换意见时神气，除了你习惯他会相信，别的人一定
都不会相信的！他单独和我在一处时，似乎独立得多，老成得多，
既无机会可"嗲"，也不再说"爸爸可笑"。好像还宜于做我的群
众。但一到和你和龙同在一处，就大大不同了。和龙龙的阋墙战
是手口并用，永不疲倦的（照我想可能是从学校习惯养成的，也
是生理年龄上不可免的），在你身边呢，常常是把三四岁情感与
"老油子"精神混成一片。我觉得如果间或有一阵子让他们如此
分开三五天，一年中有那么几次，对他们都极好，可以纠正疏理
他们情绪生活，也能补助人格教育甚多。我还想试试让龙龙去清
华小住一阵，将来且可至农学院把和处去，从教育观点上看，有

好处。一切不同对于孩子都有意义，刺激耳目，并学习适应，对他们且不是目前有好处，将来还有作用！凡魏晋又都已酣眠了，只蚊子和我十分精神。脚掌不大受用，我还是得休息了。

二哥从文

☐ 颐和园

（一九四八年七月三十一日）

三十一早

三三：

我还是在烛光下来报告一下未尽事情，先叙事，后抒情。

脚已好，是照昨天不知谁说的擦白药好，试用点点，果然一夜即好。走路已轻松松不费事。不过如此一来，买菜事大致就派定我了。庄子文章中有才与不才之喻，正与眼前事合，若走不动，大致到午时还是可吃饭，不会无菜的。

晚上做了个梦，一家人在什么一个小店半途中候车，每家大门都关得严严的，且不见一个人。到后许久才找到旅馆、车站⋯⋯比真实还烦心，就醒了。落了小雨，知了也刚醒，黄鹂还待醒，还像在做梦。记起二十三年末在湘水中游扁舟一叶大清早在烛光下为你写信情

189

形，如果有机会两人同坐那么一回小船，你一定也会终生不忘记，且保留下无数动人豁目印象，尤其是背景，有色有声的背景，那才真是画，是诗，是梦！我得重写一本书。

花裤人上午进城，恐怕因落雨而延缓。果然落了雨，声音逐渐加大，如打在船篷上。小妈妈，我真像是还只和你新婚不到三个月！城里可落了雨？我担心小龙是早早出城，会成小落水鸡。从城中带回的胡萝卜红大头都十分得用。糟豆腐更得用。佛手头还不曾吃。

雨声环境虽如画如诗，我应当记数的，还是今天得办煤油半斤，菜油一斤，酱油半斤或一斤……家里的"小京油"可不得用作替代。从这里我悟出一点真理，做魏晋人物得要个"经济"条件，以及比经济更重要的"不关心"条件。我不在竹林君子数内，极有理由。且必然完全放弃这个。还是让我们从梁鸿孟光做起，比较合理。雨越落越大，这个信得结束，不然也会同样延长下去。

从文

◻ 颐和园

（一九四八年八月一日）

三姐：

　　另一信是托"花裤人"带城的，忽然大雨，至午犹未止，进城时已过，就打消了。我们因此吃了一顿好鱼羹！

　　傍晚龙龙来，知一切，最好是三弟已返。我看你还是赶来一下，因为可享受二三天静。我要到三四号才入城，至多看一星期卷子再回郊外。你因看照三嫂，月中有的是陆续上城机会，在此和我们同住，或同去看龙虎入水表演却机会不多。既花那么大笔钱下乡，能来还是早来，我希望你今天下午四点钟即来，我们到时在车站上迎接。能带些你以为要带的东西固然好，不能带便不用带，一切东西在此还可买！昨说要带面粉半袋，方便即带好，不方便即在此买买！

　　我脚还不完全好，已得灰锰氧，不要带了。我们都等待你来过三五天家庭的生活！我真是有一点远忧，闻客人又可能是肺上毛病。孩子太小了。我知道你有困难处。今天下来吧。我以为不问我进城如何过日子，你还是和孩子同住好（我可到孟实家吃饭的）。在此有些事你来比我住还好。我要做事，一做事，不拘什么地方都可住下，在这园子里反而等于白可惜山色湖光了。因为事一做得起劲，哪能从容上山于一木一石间、一云一水间，魏晋下去！

我大致要发下财了，因为听人说梦踹屎的得黄金，做梦还可以如此，若当真脚下有此，岂不是加倍恭喜？昨天上山陪他们魏晋时，走路不便，于是果然一脚。若不洗去，可能有财喜，不幸回来即已洗去，这一来，财喜也掉了。

今天来好。

从

一日早

▣ 颐和园

（一九四八年八月上旬）

三姐：

四妹来带款已得到。几天来素食主义，所以还不窘。我从那天起每天大稀泻一次。似肠胃洗尽后现象，精神好，不妨事。孩子们还好。几天来城中必相当热，这里正好，早晚都甚好，早晚都和孩子们去排云殿前看人钓鱼，从长廊前散步，不曾"雅"过。孩子们最怕从山上散雅步，因实在与年龄不合，若从水边看看荷花鱼水，爬爬排云殿，有意思得多，所以我和他们同去。今天还将监视去游泳，带馒头西红柿去，好消化。以他们做主体，似乎还近理些。眼花过又一次，恐还是上次头部问题，这两天已知不妨事矣。

有谢冰昭稿费一笔，要他来去对于他对于我均极费事，所以托冯先生将款带至家中，存金隈处，信附在你信中，若你以为要他来理路胡同取妥当些，即将致彼信付邮，他来时你即将款付付。若以为让他到金隄处取，致彼信要改改，望改一下。

二哥从文

问候三嫂好。

呓语狂言（选）

张兆和致沈从文

口 北 平^[1]

（一九四九年一月二十八日）

二哥：

你可知道你走以后家里来了些什么人？上午清华有一位胡先生，带来（梁）思成和（程）应铨给你的信，下午来了王逊，谈起南开解放以后的一片太平气象，甚为兴奋，已不复是上回那份疑虑神色了。他还替南开转来之琳划我们的十五块美元，当时我没有留下，我想既然之琳快回来，他一定需要钱用，可是我觉得对南开方面面子有点难堪，不知道这么办是不是合理，王逊说，他们不懂道理也该让他们难堪一次。

---

[1]　一九四九年，正准备"好好的来写"一二十本文学作品的沈从文，终止了文学事业，也走下了北大中文系讲台。由于内外原因交互作用，一月起，陷入精神失常。《呓语狂言》汇集了目前尚存的作者病前、病中，直到病情逐步减轻过程中所留下的各种文字材料，书信只是其中一部分内容。现选《呓语狂言》部分篇章，供本书读者参阅。

午饭后不多久挹和便来，一坐下便唉声叹气，愁眉苦脸，怨天尤人，几次提到刘××，想邀来吃年饭，我没有搭茬儿，你想我哪有心情招待外人！后来中和来了，说起你一路情形，说起见到思成一家人，你们一同吃饭情形，我想到你在那样朋友环境中精神兴致都会比较好，我也高兴了。这一阵我为你情绪不安宁心情也异常紧张，你能兴致勃勃地回来，则对我也正是一种解放。接着小老爷也到了，他一个人耐不住寂寞，赶来城中过年，最后来的你道是谁？原来是以瑞，于是十八号暂时喧宾夺主成了张氏天下了。以瑞还带来一个可喜的消息，以瑛已到天津，在天津战事尚未完全结束以前即到天津，现在《天津日报》（即前《民国日报》）资料室工作，忙得很，苦得很，但精神好，人也胖了，以瑞说她一礼拜以后要来北平看我们。你缺少什么托便人带信来，多休息，多同老金（岳霖）思成夫妇谈话，多同从诫姐弟玩，学一学徐志摩永远不老的青春气息，太消沉了，不是求生之道，文章固不必写，信也是少写为是。

三

除夕

复张兆和

◻ 清　华

（一九四九年一月二十九日左右）

小妈妈：

　　我用什么来感谢你？我很累，实在想休息了，只是为了你，在挣扎下去。我能挣扎到多久，自己也难知道！我需要一切重新学习，可等待机会。

　　　　　　　　　　　　　　　　　　　　　　　从

　　　　　　　　　　　　　　　　　　　　　　一月

198

张兆和致沈从文
（暨沈从文批语·复张兆和）

☐ 清　华

（一九四九年一月三十日）

二哥：

　　清华园住下还不坏吧？毓棠、梦家、广田想必都已见到，多听人家谈谈也好，免得流于空想。

　　　　我头脑已完全不用了，有什么空想。

　　今天盛澄华先生来看你，知道你已在清华，问我可有什么东西给你带去，我一时却来不及，虽然很想带点黄油来。傍晚瑞芝来，信同黄油都托他带了。朋友们都关切你的健康，为了不使人失望，你应该多照料一点你自己，

关切我好意有什么用，我使人失望本来已太多了。我照
料我自己，"我"在什么地方？寻觅，也无处可以找到。

你值得为朋友，为更多的人活得更健康一些！这种身心两方面健康的
恢复，别人无能为力，只有你自己的意志力才能恢复他。这应该不太
难，你试试看吧。

我"意志"是什么？我写的全是要不得的，这是人家
说的。我写了些什么我也就不知道。

徽因这一阵身体还好罢？你们过年想必很热闹，这里昨天照例人
来人往拜一天年，今天平安了。昨天小老爷带的信可曾收到？有什么
事你写下来，等有便人便带给我，临时写信怕来不及。家里一切如
常，有中弟以瑞陪伴我，你可以放心。
天气好，清华园住下来想极舒适。城里略觉沉闷，孩子们都不让
出门。

给我不太痛苦的休息，不用醒，就好了，我说的全无人
明白。没有一个朋友肯明白敢明白我并不疯。大家都支吾开
去，都怕参与。这算什么，人总得休息，自己收拾自己有什
么不妥？学哲学的王逊也不理解，才真是把我当了疯子。我

看许多人都在参与谋害，有热闹看。

你应该理一次发，洗一个澡，问问瑞芝看。

这有什么用？

有信也可交瑞芝托便人带城，我极希望能知道你这三天来的心情和对事事物物的看法。希望你能有一个乐观的看法。

三

一月卅日

小妈妈，我有什么悲观？做完了事，能休息，自己就休息了，很自然！若勉强附和，奴颜苟安，这么乐观有什么用？让人乐观去，我也不悲观。

《蜘蛛蜘蛛网》是××的文章。

这也参加一个团体来讽刺，来骂，来诬毁，这就是你们的大工作。

棉毛内衣一件是你的，中和弟二三日内回校，你换了衣服托他带城来洗。

衣洗不洗有什么关系？再清洁一点，对我就相宜了？我应当离婚了。免得累她和孩子。

小妈妈，你不用来信，我可有可无，凡事都这样，因为明白生命不过如此。一切和我都已游离。这里大家招待我，如活祭，各按情分领受，真应了佛家所谓因果缘法。其实真有人肯帮助我是给我足量的一点儿。我很需要休息。这对大家都不是坏事。一个柔和结尾，有什么坏。

金隄曾祺王逊都完全如女性，不能商量大事，要他设法也不肯。一点不明白我是分分明明检讨一切的结论。我没有前提，只是希望有个不太难堪的结尾。没有人肯明白，都支吾开去。完全在孤立中。孤立而绝望，

我本不具生存的幻望。我应当那么休息了！

我十分累，十分累。闻狗吠声不已。你还叫什么？吃了我会沉默吧。我无所谓施舍了一身，饲的是狗或虎，原本一样的。社会在发展进步中，一年半载后这些声音会结束了吗？

张兆和致沈从文

二哥：

　　王逊来，带来你的信和梁氏贤伉俪的信，我读了信，心里软弱得很。难得人间还有这样友情，我一直很强健，觉得无论如何要坚强地扶持你度过这个困难（过年时不惜勉强打起笑容去到处拜年），我想我什么困难，什么耻辱，都能够忍受。可是人家对我们好，无所取偿的对我们好，感动得我心里好难过！后来王逊提起另一个人，你一向认为是朋友而不把你当朋友的，想到这正是叫你心伤的地方，说到你人太老实，我忍不住就淌下眼泪来了。我第一次在客人面前落了泪，过后想想很难为情。王逊走后我哭了一阵，但心里很舒畅。

　　听说徽因自己也犯气喘，很希望你能够振作起精神，别把自己的忧虑再去增加朋友的忧虑，你的身体同神经能在她们家里恢复健康，欢喜的当不止她一人。想想有许多朋友为你的病担一份心，多么希望你忽然心胸开朗，如同经过一个梦魇，修正自己，调整自己，又复愉快地来好好使用你这副好头脑子的！真正有许多朋友，担心你会萎悴在自己幻想的困境中。如像老金，奚若先生，老杨，王逊，小朋友如金隄曾祺李瑛，怎么才叫大家如释重负啊，你信上给我说的话，你要兑现的。

　　小老爷坐了学校卡车来，吃一餐饭就要原车回校，我信也来不及写，东西先交他带去，明天中弟回校，再由他带这个信和安眠药。城内已安定勿念。

兆

二月一日

　　多散散步好。要中弟陪你理一次发洗一个澡吧，换了衣服交中弟带来。

复张兆和

◻ 清 华

（一九四九年二月二日）

小妈妈：

已苦了你十五年，现在还要来度这个大关，我心中实在不安。这是我个人的事，与你无关！我们吃的亏是活该的，不是别人派的。我们既活在一个大城市里，就不免有这么一天，这么一次，以及明天更大的灾难。这就是"人生"！这也是"道"！一切齐齐全全，接受为必然。我在重造自己。

莫再提不把我们当朋友的人，我们应当明白城市中人的规矩，这有规矩的，由于不懂，才如此的。闻今天××还来看你，我想得到你无话可说情形。这个人走后，想起来看你恰恰是侦查你，可能又哭了。

"我们要在最困难中去过日子，也不求人帮助。即做点小买卖也无妨。"你说的是，可以活下去，为了你们，我终得挣扎！但是外面风雨必来，我们实无遮蔽。我能挣扎到什么时候，神经不崩毁，只有天知道！我能和命运挣扎？

从

二日

　　小妈妈，你的爱，你的对我一切善意，都无从挽救我不受损害。这是凤命。我终得牺牲。我不向南行，留下在这里，本来即是为孩子在新环境中受教育，自己决心作牺牲的！应当放弃了对于一只沉舟的希望，将爱给予下一代。

□ 北平宿舍

（一九四九年五月三十日）

很静。不过十点钟。忽然一切都静下来了，十分奇怪。第一回闻窗下灶马振翅声。试从听觉搜寻远处，北平似乎全静下来了，十分奇怪。不大和平时相近。远处似闻有鼓声连续。我难道又起始疯狂？

两边房中孩子鼾声清清楚楚。有种空洞游离感起于心中深处，我似乎完全孤立于人间，我似乎和一个群的哀乐全隔绝了。绿色的灯光如旧，桌上稿件零乱如旧，靠身的写字桌已跟随了我十八年，桌上一个相片，十九年前照的，丁玲还像是极熟习，那时是她丈夫死去二月，为送她遗孤回到湖南去，在武昌城头上和（凌）叔华一家人照的。抱在叔华手中的小莹，这时已入大学，还有那个遗孤韦护，可能已成为一个青年壮士，——我却被一种不可解的情形，被自己的疯狂，游离于群外，而面对这个相片发呆。

十分钟前从收音机中听过《卡门》前奏曲，《蝴蝶夫人》曲，《茶花女》曲，一些音的涟漪与坡谷，把我生命带到许多似熟习又陌生过程中，我总想喊一声，却没有作声，想哭哭，没有眼泪，想说一句话，不知向谁去说。

我的家表面上还是如过去一样，完全一样，兆和健康而正直，孩子们极知自重自爱，我依然守在书桌边，可是，世界变了，一切失去了本来意义。我似乎完全回复到了许久遗忘了的过去情形中，和一切幸福隔绝，而又不悉悲哀为何事，只茫然和面前世界相对，世界在动，一切在动，我却静止而悲悯的望见一切，自己却无份，凡事无份。我没有疯！可是，为什么家庭还照旧，我却如此孤立无援无助的存在。为什么？究竟为什么？你回答我。

我在毁灭自己。什么是我？我在何处？我要什么？我有什么不愉快？我碰着了什么事？想不清楚。

我希望继续有音乐在耳边回旋，事实上只是一群小灶马悉悉叫着。我似乎要呜咽一番，我似乎对这个已不必需。我活在一种可怕孤立中。什么都极分明，只不明白我自己站在什么据点上，在等待些什么，在希望些什么。

夜静得离奇。端午快来了，家乡中一定是还有龙船下河。翠翠，翠翠，你是在一零四小房间中醋睡，还是在杜鹃声中想起我，在我死去以后还想起我？翠翠，三三，我难道又疯狂了？我觉得吓怕，因为一切十分沉默，这不是平常情形。难道我应当休息了？

难道我……

我在搜寻丧失了的我。

很奇怪，为什么夜中那么静。我想喊一声，想哭一哭，想不出我是谁，原来那个我在什么地方去了呢？就是我手中的笔，为什么一下子会光彩全失，每个字都若冻结到纸上，完全失去相互间关系，失去意义？

致张兆和

□ 北 平

（一九四九年九月二十日）

三姐：

你和巴金昨天说的话，在这时（半夜里）从一片音乐声中重新
浸到我生命里，它起了作用。你说："你若能参军，我这里和孩子在
一起，再困难也会支持下去。"我温习到十六年来我们的过去，以及
这半年中的自毁，与由疯狂失常得来的一切，忽然像醒了的人一样，
也正是我一再向你预许的一样，在把一只大而且旧的船作调头努力，
扭过来了。音乐帮助了我。说这个，也只有你明白而且相信的！

我似乎明白了一点，也从那一切学习了更深的人生，要有个新的
决定，待和你来商量了。我要照你所希望去为"人"做点事情。目
下说来也许还近于一时兴奋，但大体上已看出是正常的理性回复。正
如久在高热狂乱中的病人，要求过分的工作，和拒绝一切的善意提
议，都因为是还在病中，才如此。这时节却忽然心中十分柔和，十分

柔和，看什么都极柔和。这里正有你一切过去印象的回复。三姐，我想我在逐渐变了。你可不用担心，我已通过了一种大困难，变得真正柔和得很，善良得很。

我看了看我写的《湘西》，上面批评到家乡人弱点，都恰恰如批评自己。想起昨天巴金萧乾说的，我过去在他们痛苦时，劝他们的话语，怎么自己倒不会享用？许多朋友都得到过我的鼓励，怎么自己反而不能自励？我似乎第一次新发现了自己。写了个分行小感想，纪念这个生命回复的种种。我已觉得走了好一段路，得停停了。我常告你的话，你不相信，这么一来，你会明白我说的意义了。一只直航而前的船，太旧了，掉头是相当吃力的！

有个十分离奇情形，即一切书本上的真理，和一切充满明知和善意的语言，总不容易直接浸入我头脑中。压迫和冷漠，也不能完全征服我。我曾十分严格的自我检讨分析，有进有退，终难把自己忘掉，尤其是不能把自己意见或成见忘掉。可是真正弱点是一和好音乐对面，我即得完全投降认输。它是唯一用过程来说教，而不以是非说教的改造人的工程师。一到音乐中，我就十分善良，完全和孩子们一样，整个变了。我似乎是从无数回无数种音乐中支持了自己，改造了自己，而又在当前从一个长长乐曲中新生了的。

我一定要使你愉快，如果是可能的，我要请求南下或向东北走走。

人不易知人，我从半年中身受即可见出。但我却从这个现实教育中，知道了更多"人"。大家说向"人民靠拢"，从表面看，我似乎是个唯一游离分子，事实上倒像是唯一在从人很深刻的取得教育，也即从"不同"点上深深理解了人的不同和相似。你若不信，大致到我笔能回复时，即可一一写出来。我实在应当迎接现实，从群的向前中而上前。因为认识他们，也即可在另一时保留下一些在发展中的人和社会，——重现到文字中，保留到文字中。这工作必然比清理工艺史还对我更相宜，因为是目下活人所需，也是明天活人要知道的。就通泛看法说，或反而以为是自己已站立不住，方如此靠拢人群。我站得住，我曾清算了我自己，孤立下去，直至于僵仆，也还站得住。可是我已明白当前不是自己要做英雄或糊涂汉时代。我乐意学一学群，明白群在如何变，如何改造自己，也如何改造社会，再来就个人理解到的叙述出来。我在学做人，从在生长中的社会人群学习，要跑出午门灰扑扑的仓库，向人多处走了。我已起始在动，一种完全自发的动。这第一步路自然还是并不容易迈步，因为我心实在受了伤，你不明白，致我于此的社会因子也不会明白。我的动，是在成全一些人，成全一种久在误解中存在和发展的情绪，而加以解除的努力。

我要从动中将一切关系重造。人并不容易知人。十余年来我即和你提到音乐对我施行的教育极离奇；你明白，你理解。明白和理解的还只是一小部分，可不知更深意义，即提示我的单纯，统一我复杂矛盾而归于单纯，谧静而回复本性。忘我而又得回一个更近于本来的我。或许它作成的，还是一种疯狂，提高自大和自卑作成暂时的综合或调和，得到的一种状态。但是，它有用处，因为它是比自我检讨与分析所永远得不到的总结，而音乐却为清理出了个头绪。

三三，你理解到这一点时，我们就一同新生了。

我需要有这种理解。它是支持我向上的梯子，椅子，以及一切力量的源泉。

二哥从文

三十八年九月廿午夜

川行书简（选）

致张兆和

□ 巫 山

（一九五一年十一月一日）

一九五一年十一月一日下六时

巫山县船上

三姐，船今天已入峡，一切使人应接不暇，动人之至。孩子们实在都应当来看看的，真是一种爱国教育！这时约二点钟，过不多久即要到一个重要峡内。已过清冷峡，兵书宝剑峡，新滩，秭归，巴东。昭君村和屈原宅也过了，屈庙可和历史的应有情形不大相称，不过如一个普通龙王庙矗立于半山岨而已。江水到此已不宽，前后通是山，水在山中转，有些地方似乎不到廿丈。水急而深。船一面行进一面呼唤，声音相当惨急。两山多陡绝。特别好看是山城山村，高高吊脚楼，到处有橘柚挂枝，明黄照眼。小湾流停船无数，孩子们在船板上船篷上打闹。一切都如十分熟悉又崭新陌生。因看峡景大家即停止学习一天。水窄处还不如沅水，两山有些地方也不如沅水山之秀峭。特别是水流黄浊浊的，壮而犷悍，和沅水清绝透明不同。过神女峰，秀拔直上天际，阳光强烈，因之斑驳白赭相间，特别美观。下五点左右泊巫山县，小船卖橘柚的，多拢船边，用小兜网揽生意。柚子一千两个，橘子一千四个，柿子一千四个，大而红。县城沿江岸高坎上，有许多吊脚楼沿岸连接，也有人抬货物上船，船多在河边，一排排的十分安定在那里等待装载，和一个做母亲的神气一样。树木还绿阴阴的。气候恰和北京八月相近。川江这些地方，从河边看来都极美观。特别是小一些的村镇，屋前后橘柚垂实，明黄照眼，动人之至。山头都收拾得极干净整齐。上流一点有个山，山头圆圆的，上面有个相当大的庙宇，可能是什么楚王神女庙。下游一点一个尖山，相当高，上面也有个小庙，好看得很。

同行的大家都靠船边玩。看江景。也有在甲板上说笑话的，吃东西的，写信。船上约定不许上岸，因此大家不上岸。其实能上岸看看，是有好处的，有教育意义的。照我理想说来，沿江各地，特别是一些小到二百或不过三十户的村镇，能各住一二月，对我能用笔时极有用，因为背景中的雄秀和人事对照，使人事在这个背景中进行，一定会完全成功的。写土改也得要有一个自然背景！可惜不易得那么一个机会。四川人自己呢，又日日生活在此山中，却从不料想到理解到这是了不得的好背景。不知道一切人事的发展，都得有个自然背景相衬，而自然景物也即是作品一部分！

过三天可以到重庆，闻将分发泸州附近，也是长江边，我希望可以到那么一个江边小村中去工作。但是也希望不要因为自然景物太好，即忘了工作的重要性。

在船上文件学习，越学越感个人渺小而无知。必须要十分谨慎的从领导上学习处理工作，方可少犯错误。一面从工作的方式中，也看出国家必然在此谨严步骤中逐渐推进，得到异常迅速进步，三五年后社会将完全改观的。川江给人印象极生动处是可以和历史上种种结合起来，这里有杜甫，有屈原，有其他种种。特别使我感动是那些保存太古风的山村，和在江面上下的帆船，三三五五纤夫在岩石间的走动，一切都是二千年前或一千年前的形式，生活方式变化之少是可以想象的。但是却存在于这个动的世界中。世界正在有计划的改变，而这一切却和水上鱼鸟山上树木，自然相契合如一个整体，存在于这个动的世界中，十分安静，两相对照，如何不使人感动。

江上在这时已起了薄雾，动人得很。可是船上学画的，作曲子的，似乎对这一切都视若无睹，都似乎无从和他待进行的工作有个联系，很奇怪。其实这个江城这个时节的全面，一和历史感兴联系，即是一非常感人的曲子。我如会作曲，在心中泛滥的情感，即必然在不甚费事组织中，可以完成一支曲子。

这里也有另外一种曲子在进行，即甲板上的种种谈话，玩乐笑语，和江面小船上的人声嘈杂，江边货船上的装货呼唤，弄船人的桨橹咿呀声，船板撞磕声。另外还有黑苍苍的大鹰就江面捕鱼。一切都综合成为一个整体，融合于迫近薄暮的空气中。

我似乎十分单独却并不单独，因为这一切都在我生命中形成一种知识，一种启示，——另一时，将反映到文字中，成为一种历史。

　　这时节船尾有上煤小船挨过，船上水手杂乱歌呼，简直是一片音乐，雄与秀并，而与环境又如此调和，伟大之至，感人之至。

　　天渐入暮，山一一转成浅黛蓝，有些部分又如透明，有些部分却紫白相互映照，如有生命，离奇得很。更离奇处即活在这个环境中人都如自然一部分，毫不惊讶，毫不离奇，各自在本分上尽其性命之理。

　　船又来了，蓬蓬蓬蓬的由远而近。

二哥

▣ 内 江

（一九五一年十一月八日）

一九五一年十一月八号下四时

内江县

三：

今天下午二时半到了内江县，是川南大地方，出糖和橘子，有文化，多知识分子。大地主可能也格外多。地方有文化，也有文物。为了文物，我可能要在土改后看些东东西西！水名沱江，大如沅水，清而急，两岸肥沃无可比拟，蔗园橘子园都一山一山连接。这几天橘子还未下，一片一片金星。土地之厚，除山东胶东所见，实在无可比拟。工作大致即在此县或邻县。一出来，心中即只有一件事，放下包袱，去掉感伤，要好好的来为国家拼命做事下去，来真正做一个毛泽东小学生！因为国家实在太伟大了，人民在解放后表现的潜力，无一处不可以见出。共产党在为人民做事工作上，也实在是无微不至。许多地方减租反霸中已把封建武力和土豪特权打垮。许多地方人民都站起来做了主人。年轻人更加可爱。到路上，有些穷人听说我们从北京来，都说是"毛主席关心穷人，天下穷人是一家"。这句话不仅表示人民信赖，实在还是无可比拟的力量！我们活在北京圈子里的人，见闻实在太小了，对于爱国主义的爱字，如不到这里地方来看看，也是不会深深明白国家人民如何可爱的！三三，要努力工作，你定要努力拼命工作，更重要还是要改造，你还要改造，把一切力量用出来，才对得起国家！要对工农干部更虚心的学习，对学生特别热心，国家实在要所有工作干部，都如此来进步！

从永昌隆昌过身，听小买卖老太太说，大户地主都看管起来不能动，孩子们在外讨吃，坏的都枪毙了。有田到三千亩的，穷人却十分正直，勤劳，而极端穷困。这一来，穷的都翻了身，不同了。一个快七十岁的老太太，到永昌时来卖咸蛋，一天赚二千。是个村长的妻子，家中十一口人。翻了身，分地主房子六间住。种棉八十斤称模范。和我说了二点钟，一面揩眼泪一面说，说毛主席关心他们，天下穷人是一家。我也试作宣传一番，我们说话彼此都懂，昨晚谈得她把生意也忘做了，今早又来谈，还一定要知道我名姓。我欢喜她得很，因为说到许多话都极动人，特别是身子小小的，瘦瘦的，和我外祖母神气一样。头上戴的绒帽是从地主家买来的，衣也是得来的。她还说："我把四个孩子盘大，两个做干部，做什么都成。过去送东西到地主家时，地主说'你臭，站远点！赶快走！'我就赶快走！这一来，毛主席关心我们穷人，我们不怕那些地主了，官司也不用打了。不久要分地，我让儿子媳妇种，我在家煮饭养猪。"可爱得很，因为说话神气同意见，都是我挺熟的。三三，只要我支持得下去，我一定会要为这些苦难人民再用几年笔的。我还不下乡，只一点滴已教育了我，再不能不改变自己，来为这个新时代拼命努力了。

我们住处名什么大厦，住二楼，两人一房间。很静。过三天，可能即得迁到一个贫农家去住的。我如到一个老太太家住，一定极容易合得来。我试了试用她们能理解的意思语言和她们谈话，还有办法。在中站又和几个年轻的铁路服务员谈天，其中还有些女的十六七岁的，还带得有《工农儿子》小说，谈得也蛮好。换句话说，我在群中很可以做个宣传员，或文化教员。我一定要努力做去，把工作做好。

体力支持得住，心情却有时回复不易支持。五天来天气都阴沉沉的，到了内江忽然晴朗起来，心情也开朗多了。但是我知道，一定要到村子里去工作，才算是工作起始。要从乡村工作锻炼，自己也才能够在思想上真正提高。目下说来，处处还是小资的自私自利思想，个人打算，而且是幻想多而不切实际，受不住考验的，我要从工作实际中改造自己。能将工作完成，所得必然多。因为可以眼见一个阶级的抬头翻身，和随之而来的社会的变化！

这地方出糖，所以蜜饯甜得少见。一来招待即是这种甜蜜饯。

这里正有几千解放军在建新房子，一所所极好看的房子在平地生长，动人之至。成渝铁路也是他们修的，已到内江，每天有工程车，也附带卖票，三四个月后，可能即已可全程通车。服务员多年轻人，精神很好。汽车路大部分是和火车路平行的。这里是重庆和成都之间一个大县，去自流井也极近，只四十里，我想如分到自流井工作也好，因为背景都是有文学性的。自然景物很美，特别是土地生产力之厚，实在感动人。如此一个好地方，四十年来都被官僚地主支持的军阀弄得乱糟糟的，这一来自然什么都不同了。汽车多用酒精，这里酒精是造糖副产物。所以沿路汽车也多得很。

我离开北京十五天了，看到的人事和景物都是一生未见也未能想象的。一定要离开北京，才能够明白我们国家，是在一个如何空前变化中！是一个如何伟大发展中！

孩子们和石妈好。大家好。

从文十一月八日下五时

这么学习下去，三个月结果，大致可以写一厚本五十个川行散记故事。有好几个已在印象中有了轮廓。特别是语言，我理解意思还理解语气中的情感。这对我实在极大方便。

我一定要来做个鼓动员，在乡村中是这样向人民学习，写出来也只是交还人民。

这里竹椅子都是宋代款式，低坐高后靠，如明清版画常见的，这里还一律保存。到处都有竹子，都用竹子，唯将来有可能还会把它的效果提高些，致用也更广大些。这是天生一种比任何材料还经济而轻便结实的东西！回来如方便，我可能想办法为石妈和革大那个老同志各带一张竹椅来。这几天总想起革大那个老同志，手似乎在解冻，有个半天空，也许就可以把他用三千字画出来了。我许了过愿心，要为他写个短篇的。一写保还生动，因我看了他十个月，且每天都和他在一块蹲蹲或站站的。他的速写相在大厨房和斯大林画同列在墙上，合式得很。素朴的伟大，性格很动人的。但是也正是中国农民最常见的！

内 江

（一九五一年十一月十九日）

一九五一年十一月十九日

川南内江县四区烈士乡寄

三姐：

寄的信应当可以收到，但是总得廿来天日子了。昨托寄《老同志》[1]一小文，抄过了五次，不怎么完整，还落实而已。在事的行进中，言语中，还要多一点，解释还要删节点，就对了。这是我的工作学习的起始。也测验得出，素朴深入，我能写，粗犷泼辣，还待学习。写土地人事关联，配上景物画，使人事在有背景中动，我有些些特长，也即是如加里宁说的，从土地环境中引起人对祖国深厚情感。

---

[1] 这篇作品在作者生前未发表过。

至于处理人事复杂机心种种，我无可为力。今天已十九，我离开北京三个星期天了。这三星期和新事物的接触教育，只有一种感想，即终身来为人民的种种在生长的方面而服务。少拿点钱，多做点事，用作多久以来和人民脱节的自赎。看看这里干部的生活俭朴和工作勤苦，三姐，我们在都市中生活，实在有愧，实在罪过！要学习靠拢人民，抽象的话说来无用，能具体的少吃少花些，把国家给的退还一半，实有必要。如北大不即要我们搬[1]，务必去和张文教同志商量商量，拿一半薪已很多。余捐献给抗美援朝去好，还公家好。我相信你是能理解，能做到的。比起来，我实无资格用国家这个钱！我们不配用国家那么多钱的。不配用。你来看看即明白了。

这里工作照一定程序进行。过几天秋征场面必可展开。也是最后一次秋征。因为土地一变公私关系，方式即大不同了。对于当地社会，我们能接触到的，还只是点点滴滴，但即点点滴滴，对于我教育意义，都是终生有影响的。特别是日日同在一起的村中干部，在本质上，心情状态上，言语派头上，工作方式上，都给了我极深而好印象。特别是在这么一个有点突出的自然环境背景中，我的综合学习，得到的东西，已多过云南数年的。一定要反映到新的工作中去的。笔如还有机会能用，还有点时间可以自由支配来用，会生长一点东西的。这正和我们过崂山那时一样，我给你一种预约，保证有些东西已

---

[1] 实际上正在催促搬家。

在孕育中，生长中，看不见，摸不着，可是理解得到。因为生命中有了一种印象，一种在生长发展的，虽如朦朦胧胧，经验上却极具体的东西。我要的只是一样，即自由处理的时间。没有它，什么都完事，一切空话。有时间，这一切，在我生命中的东西，恰和粮食种子撒到这地方的土地中情形一样，生长成熟是常态，而抑郁萎悴倒是变质！同时也希望体力能支持得下去。特别是脑子和心脏，待回复本来，不能再恶化下去。我得支持。因为我明白，有些工作，对于人民还有益。对人民革命和社会向前，特别是保留历史过程中最生动一个环节，我还要好好工作几年，能够做点事情。我爱这个国家！要努力把生命和历史发展好好结合起来。决不违反人民，不孤立，不自大。

昨天饭后，独自出去走走，到屋后高处悬壁上去，四野丘陵连亘，到处是褐土和淡绿色甘蔗林相间相映，空气透明，潮润，真是一片锦绣河山！各处山坡上都有人在点豌豆种。远处人小如米点，白布包头蓝长衫，还看得清清楚楚。每个山坳或悬崖间，照例都有几户人家在竹树林间扬起炊烟，田埂间有许多小孩子和家中小狗在一齐走动。山凹间冲里都是水田，一层层的，返着明光。有些田面淡绿，有些浅紫。四望无际情景全相同。一切如童话中景象。一切却十分实在。一切极静，可是在这个自然的静默中，却正蕴藏历史上没有的人事的变动，土地还家，土地回到农人手中，而通过一系列变动过程，影响到每一个人，每一个人和另一个人的关系！一面是淡紫色卷耳莲在山顶水坝中开得十分幽美，塘坝边小小蓝色雏菊和万点星的黄菊相映成趣。一面是即只五岁，满头疥癣的小孩子，挑了小小竹箕去捡狗屎，从这个水坝边走过时，见了我们也叫土改同志，知道是北京毛主席派来帮穷人翻身的，你想想看这意义多深刻。一面是一些位置在山顶绝崖上的砦子，还完全是中古时代的风格，另一面即在这些大庄子，和极偏僻穷苦的小小贫农人家，也有北京来的或本地村干在为土地改革程序而工作。三姐，这对照太动人了，我不知为什么，独自在悬崖上站着，竟只想哭哭。这一来，虽不曾去过四哥 [1] 过去工作的地方，得不到大圩子印象，但是把四嫂叙述和这个景象一结合，有些东西在成熟了，在生长了，从朦胧中逐渐明确起来。我那个未完成的作品，有了完成的条件。大致回来如有半年时间可以自由使用，会生产一个新东西，也可能是我一生中仅有的成熟作品。即把这里背景移到四哥故事上去。这也是米丘林的做法，在文学，如求典型效果，且是唯一这样可得到特别成功的。你如记起《边城》的生产过程，一定会理解这个工作的必然性。我要的只是自由时间来完成。

我住处是个大糖房，在山顶上，属于地主高百万家产。门前即一冲水田，一级一级下去。房子四周全是慈竹，本地入名王竹，不许动笋子，因为用处多，生长容易，一切编物都用得到。也即是四川民族神话中的象征，竹王生于竹中，只有这种无所不用的竹子可以当之。

---

[1] 四哥，张兆和的堂兄张鼎和，革命烈士。作者从一九四八年起收集材料，打算创作一部以张鼎和为主人公原型的长篇小说。

这竹子其实即一般常见的洋竹,如呈贡李地主家门前的那个样子,不过这里普遍生长而已。

房子前的水田杂树,特别是小竹林,都和电影或戏剧背景一样,在透明潮润空气中萧疏疏的。房子中侧屋,是糖房堆糖处,大方石柱,大门栏,还有密室,墙中有孔藏金银,特别是大容一二百石的木糖桶,在戏剧布景中是天然的,非常突出显眼,而又有极强烈好效果的。

就在这个院子中,黄昏前,来了些看病的女人(新设一医疗处),两个老太太拄拐杖来,走得极慢,从大石板栏的后屋走进。一个女孩子,长得干小小的,成年而不成熟,从前门进。医生在吃饭,这女孩子即坐下来和我谈话。姓徐,无父母,傍姑母为生:"大家做事大家吃,有什么吃什么。种了十二箩担的地,今年挖红薯六挑,只值八千文一挑。种了点牛皮菜。收粮食即拿去缴公粮。养了一只鸡,两只兔子,花二千五百文买来的(她用手比大小),小得很,养到了两斤重一个,抗美援朝捐献了一只,选大的捐。"说到这时笑了许久,很快乐。"要打倒美国鬼子才有好日子过。毛主席知道我们,要我们好好生产,选劳模。大家好好生产,吃一样饭,做一样事,过几年国家就好了。现在不同以往,往天乡保欺压人,不许讲道理。现在大家一样,讲道理,眉眼清楚,人好都说好。我过三天就要到甘蔗地做事,八斤米一天,一个月二百四十斤。也累,人多做起来好。要乘这个月做,糖房已开工。那边人多好热闹!……我住互助村,来耍喔!

我要走了。"

天已快夜，拿过药，又说了一会，当真就走了。就是从那些梯田小径，甘蔗林长在悬崖边，和小房子依悬崖竹林边……弯弯曲曲小路走去。到家有三里路，一定黑了。理应还拾了些莴苣叶去，因为兔子欢喜吃莴苣叶。

三，一切都那么善良。生在那么一个寂寞平凡环境中，活在那么一种单纯工作方式中，却有一只亲手喂大的兔子，捐献给朝鲜的战士，为了打美国人！这是一种什么情感！为了国家！你想想看，我们应不应当自愧。这个人已活在我生命中，还要活在文字中。我一定要为他们来工作的，为他们终生工作，我的存在才有意义！天当真夜了下来，侧屋里有几个农干围到一盏灯唱小本词。一切极静，可是凡有人家处，都在动中，为土改进行程序而动，少年会，妇女会，老年会，知分会，富农会，地主训话会，自新坦白会……没有一个人闲着，一切脑子都在动——这就是历史，真的历史。一切在孕育，在生长。现实的人和抽象的原则，都从这个动中而发展，而进展。我的学习和其他同行似乎稍微不同，在工作上可能是个不及格的附员，但是把这个历史的点和面重现到文字中时，可能是一个相当好的工作者。为的是这一切都教育我，感动我，并支配了我。不过，这一点我无从向谁去说的。没有人理会的。大家一定以为我是个对事不关心的人，可不知一切事在如何空气下在动和变，我都一律关心，而且倾心。和我对面的一个村干，我和他话说得极少，他的报告内容，报告神气，报告中的特别长处和小小弱点，在戏剧中和在小说中是种什么情形，效果，我都熟习之至。但是，我什么都不说。我好像一点不亲热。

什么事都是生动的，新鲜的，而又可以用各种方式反映到文字绘画和音乐中的。是一切创造的源泉。只要有时间，什么都可以重现出来，而必然得到极好效果。这个事只有你明白，生一点人不会懂的。

同行中也有作曲的，住在离三里路远一个小村子里。和我谈起，以为来到的地方没有音乐。如指歌唱，本地人真是奇怪，统不会唱歌，凡是云南湖南江西及华北人民开口有腔有调的长处，这里都如被历史传统压力束缚，无生长机会。言语多清越可听，只是不会唱。可是一个习乐曲的，如一般美术、哲学、文学、绘画文化兴致高，广泛有个理解，则在这里却必然由转移方式，得到极多的启发。特别是丘陵起伏中的自然背景，任何时看来都是大乐章的源泉，是乐章本身！任何时都近于音乐转成定型后的现象，只差得是作曲者来用乐章符号重新翻译！很奇怪，即这一切对于一个习作曲的反而视若无睹。这也可见中国更新的作曲家的训练，得换换方式，必从一般文化提高，方能从自然中启发那个创造的心。这是一种艰难工作，但也是唯一工作。不知从万象取法，从自然脉搏中取得节奏，不会有伟大乐章可得的！

早上鸟声也教育人极深，唐人诗说山鸟悟禅机，大有道理。从早上极静中闻鸟声，令人不敢堕落，只觉生命和时代脉搏一致时的单纯和谧静。人事的动和自然的静相互映照，人在其间实在离奇。尤其是创造心的逐渐回复，十分离奇。党说为工作而忘我，稍稍有些理会。

附近糖房工作已开始，我估想得到，只要住上两天，即可从人事中得到一种极有价值印象，不甚费力转移到文字篇章上，也可给人一种非常动人印象的。本地人以为极平凡。这里包含了音乐、绘画、雕塑、戏剧各种元素的抯取综合，特别是工作者多为村干，工作的进展且联系到下一月的土改工作思想教育，生产和爱国教育，日夜分班动工，碾子日夜转动，糖锅日夜沸腾，原料如山堆积，成品如山堆积，……而其中且贯串着阶级斗争，太动人了！我知道一切感动并不即是一切作品，但它却必然是一切作品的媒触剂。一切成长都得通过了它，才有可能鲜明而具体的成为文学和艺术的作品。文艺座谈的重要性，唯有从这个环境里能深入一层体会。能印证为正确而切实。一切理论都只有从这种现实环境中，才可能深入理解。

我们在这里，有三个人带毛选来，在一张桌子一盏清油灯下同读，也是一件极动人的事情，或极意外事情。各有所得，备有所体会，但又有某一点完全相同，即对于这个重要历史文件的深一层理解。三个人中一个是郑听，北大哲学系，我们的团长。一个查汝强，北京市党部，我们的秘书长。和周小平一样，才廿六岁，十五岁即工作。一个是我，一点不懂政治，却深深懂文学如何和历史结合，和人民结合，和某一阶层结合，用何种方式来表现，即可得到极高政治效果的土改队中无固定职务的工作员。正和过去与思聪、宗岱三人同听悲多汶[1]等全套乐曲一样，各有所得。思聪从作曲者和指挥者和器乐独奏者，都可得到一些东西。宗岱得的是音乐史中的某种东西。我呢，在直接方面似乎毫无所得，但间接转化却影响到好几本书，特别是几个给人有印象的东西，其中即有乐曲中的过程节奏。也近于乐曲的转译成为形象的试验。但理会到这点的人是不多的。

这里土地给人印象实在离奇。不见到，即不易想象。更离奇是许多同来的人，都视为平常自然，有些人且一生从未到过南方，而对于那么好的土地竟若毫无感觉，毫不惊异，特别是土地如此肥沃人民如此穷困，只感到这是过去剥削压迫的结果，看不出更深一些东西，看不到在这个对照中的社会人事最生动活泼的种种，对这个区域土改后的景象，也即缺少真正的深刻的爱和长远关心，任务完毕，可能即一切完事。这种对于新事物的发展和变化少感情，也很是特别。似乎这些情感被滞塞住，被郁积住。又似乎这些情感因过去适当年龄不曾好好培育过，即始终得不到好好发育机会。又似乎这种情感本来即近于一种病的变质，仅为文学作者所独具，而非一般人所应有，因此大家活在历史中，对历史却了无兴趣。活在比任何文学艺术更复杂生动过程中，背景中，节目中，却人与境合，入境两忘，然而闲暇时却又去看土改小说，看他人写的东西！真是不可说，不易说的一种现实。这现实也就动人之至！

---

[1] 今译贝多芬。

天气如好些，体力也好些，我一天总有点时间可到山顶上去看看，大家可能以为我是"自由主义"，游山玩水的看风景，不会想到原来是在那个悬崖顶上，从每个远近村子，每个丘陵的位置，每个在山地工作的人民，从过去，到当前，到未来，加以贯通，我生命即融化到这个现实万千种历史悲欢里，行动发展里，而有所综合，有所取舍，有所孕育酝酿，这种教育的深刻意义；也可说实在怕人，因为在摧毁我又重造我，比任何外来力量都来得严重而深刻。我就在这个环境中思索，学习，而放弃了旧我，变得十分渺小。奇怪得很，一到那个悬崖上看到脚下山村，和更远一点山顶悬崖砦子时，我眼睛总是湿蒙蒙的。因为我体会得到，我的生命如有机会和这些印象结合起来，和这些肥沃美丽自然背景中的山村人事变动结合起来，必然会生长一些新的庄稼，一些特别的庄稼，不必如其他作家那么多，只要有三万到八万字，即可得到一种不易设想的离奇效果。一面是仿佛看到这个庄稼的成长，另一面却又看到体力上的真正衰老，自然的限制和人为的挫折，都若无可奈何的在默然中接受。这在个人生命本身，也是一种奇异的存在。

　　我从一条顶小顶小的路走上山顶去，路即沿着崖边，泥土和蘸了油一样滋润，新拔的苔藤沿路摊着。一到顶上，即有天地悠悠感。表面上，我和同住的都如有点陌生，少接触，事实上生命却正和他们的行为在作紧密的契合，而寻觅那个触机而发的创造的机。给我一点时间，在我生命中投一点资，这点天地悠悠感就会变成一份庄稼而成长，而成熟。但是这个看来似乎荒谬十分的设想，谁能理解，能相信？世界在动中，一切存在皆在动中，人的机心和种种由于隔离，生分，相争相左，得失积累，在长长时间中，在不同情感愿望中而生长存在，彼此俨若无关而又彼此密切联系，相激相宕形成的不同发展，到明天是和风甘雨有助于这个庄稼的成长，还是迅雷烈风，只作成摧残和萎悴？没有人可以前知。我常说人生可悯处，也即在此。人太脆弱渺小。体力比较回复时，我理会得到，新的人事印象的复合，我还能组织起来，成为一些有历史意义和时代价值的成品。因为文字的节奏感和时代的脉搏有个一致性，我意识得到。如果过去的工作，曾经得到一定的成就，这新的工作，必然还可望更加成熟，而具有一定深度，且不会失去普遍性。为的是生命因种种内外变迁，已达到了一个成熟点上。特别是一种哀悯感，从文学史上看过去的人成就，总是和它形成一种动人的结合。由屈原司马迁到杜甫曹雪芹，到鲁迅，情形相异而又同，同是对人生有了理会，对生存有了理会。但是到身心衰弱时，三姐，什么都说不上了，只有一点，即脆弱。只不过如一个小火，一吹即熄。我已尽了极大努力来把工作能力和信心恢复，要它和人民历史发展结合。总要尽能力所及做去。我爱国家！我要把工作和国家明天结合起来！我已深深明白工作应当是什么，而能做到什么。也得承认自然的限制，体力用到某一程度下的必然结果。

　　我到这里什么都是学习。从看牛的学，村农会中学，从极琐琐生活生计里学理解他们，也从他们新的觉醒意识理解，但是，从表面看，我只是一个不管部的属员而已。

　　在这里看到十一月某一天报纸，有陈波儿追悼会消息。使我记起在吴淞时见她穿着一件长绸曳地袍子上课神气，在北京从没见到，二十多年了，印象还极新。可惜。

□ 内 江

（一九五一年十一月二十九日）

十一月二十九日下五时

天气明朗了一会会，又被灰云罩住，阴阴郁郁的。不怎么冷。开了整天的会，吃过饭，从泥滑滑小路大伙儿都到了场上，从孤立村子转到龙街子似的大村中。我一来即和三个同志坐在一个旧戏台上，村子里陆续有人民代表来到，在下面集中，有背孩子的，挑烧柴的，挑红苕的，还有扛了一个老柳树根来的。三四天大会中，多各自携带吃、喝、烧的来，有的还挟了一大捆稻草，当作卧具。我们住戏台上，一切如三十年前所见戏台，也是在稻草里睡。街上橘子八百（文）一斤。小面馆照例有卤得黄黄的猪头肉、猪耳朵和尾巴，等待主顾下酒。面五百文一碗，一口气可吃四到六碗，作料可相当多，面特别细。点的是满堂红油灯。卖面的娘子，在摊子旁包饺饵，头包白布，小小的，十分善良，一切和四十年前所见一样。

北来的人正在为明天会场作布置，点的还是油蜡烛。戏台建筑还是穹窿顶，在建筑术上是古典的，涂金雕花都相当讲究，特别是设计，很像个样子，比一般新式舞台合乎观众要求。天已黑，满院子有人声，都在参与历史中一件大事，也创造新的历史，但是谈的却是秋征捐献和大会种种。人都活在历史中。我这时即在牛油烛前，人人都为明日的大会而忙着。身边是各个村子中的男女贫农代表走动。随后即分组到贫农住处去（下用稻草，上用谷篁铺好，纵横住了两百人），十六个大组，漫谈生世，从八岁起说下去，各组完毕，已到十一点。再一汇报，已十二点，就蜷在戏台后楼上一角稻草堆中睡去。半夜中听打更锣，情境特别。到五更，各处有鸡叫。天未明楼下说话声音喁喁咿咿，低而沉。天明后，听到磨坊打筛声音，可以知道这个小小村镇已在动中。街口铁匠铺的炉火，也一定已有熊熊火光扬起，且有叮叮当当响声。今天赶场，七百人口的场中忽然增加到三千人上下，可知日用物品的交换，必然相当热闹。八点左右街上场面已展开，官药铺柜台抹得干干净净，卖肉的占了街上主要地位，一大块大块肉挂在黄铜钩子上，打扫得白蒙蒙的，等待主顾。清油价到六千（有的竟要八千），肉价不过三千，有的卖二千八，所以肥猪肉是乡下人主要兴趣。但能吃的人还是比较少数人。这几天正值下甘蔗熬糖时，有劳动力的收入都增加，且值秋收，秋征，交换物资也比较频繁。场子上也还有人用破洋瓷脸盆，装了五寸长大鲫鱼，上盖菜叶，搁在街边屋檐下出卖的。也有卖兔子卤肉的。有卖霉豆豉的。有抱了绿头公鸭（和抱孩子一样，用布包着）上场出售的。有挑了豆壳一大担，在街上撞撞磕磕的。杂货铺的老板，屠户老板，面馆老板，大都如大匠琢轮，不慌不忙的，知道有生意待做。生意特别好，桌面案板特别整齐丰富的，应让街头街尾的饭铺。白米饭已上蒸笼，鸡鱼肉菜都收拾得很好，葱蒜辣椒也准备得十分齐全。地下照例湿滑滑的，因为有卅里内外泥浆带来。

天气转晴，一切都明明朗朗的。看看这里街子，和呈贡街子，和卅年前各种各式街子，使我对中国农村的市集有种奇异的情感，因为极可能从这个情况中可以看出古代村市的情形。大都市在变，小村市如果生产物资交换方式不怎么变，则千年前的村市和当前村市，大体是相同的。也由此可以体会到写古代农村比古典都市容易把握问题。

头总是不大好，心脏影响或由之而来。上坡不好受。吃的已够好，萝卜青菜还有油，但是终日把饭吞下去，加上辣子酱，已起始有些难于消化。有时一吃过即得上路，年青少壮不在乎，我有些当不住。体力受了限制，无可如何。但是要支持下去。

树叶还未尽落。山上各处是绿的。每个山坳上总有个水塘，水极清冽，有卷耳莲生长得极好。竹子在山上生长，都似乎不是为致用而是为装饰效果的。

农村在动中，自然景物那么静，我置身其间，由此动静总似乎在孕育一种东西，只要有时间，即可生长成熟。

这次到乡下来，最得用是棉衣和虎虎的一支笔。衣服很合适。笔可以写极细笔记，且不必为墨水担心。同来的看到这支针尖似的笔都发生兴趣，因为没有一个人的这么细的。虎虎这支笔真有用。我只担心这种信如受水潮湿，会影响到信里。

◻ 内 江

（一九五一年十二月末）

叔文：

　　看十二月廿二报纸，说寒流到了华北，我正估想北京受它影响后的情形，不意这种寒潮也波及了这里，手足已发木，人人都嚷冷。严重的是若干区域甘蔗尚未收获，一上冻，梢端冻坏明年作种即不得用，要影响到农产、糖业、税收、经济作物农贷，以至于国内若干区域的白糖分配量。不是小事！记得以瑛曾说："参加过土改，此后一落雨必想到农村。"我们当时若理解，其实不能有较深理解。必到了农村，必熟悉雨量对于农作物关系，必更多些明白农作物对于农民生产如何有关，才会从天晴落雨中念念到农村！甘蔗生产最严重问题即冰雪和六月旱，所以这几天的寒潮和明春荒旱，是领导上忧心的。希望不要大冻，久冻。为的是生产忙不过来。土地改革正是全面展开，每个村子中农民男女老幼都为斗争卷入一种不易描写行动中时候，是土地革命最紧张一阶段时，天气要好一点，一切工作也便利得多！这里已将北来信报日子测定，同是八天可以到达，是从西安过广元转成都的。成都离此二百里，信件得两天，现时有汽车，明年可乘火车。

上次来信说请萧离寄《光明日报》文章[1]来，如不曾寄，望要龙龙（电告他一下）去买一份早日寄来，我有用处。你说"要全心全意为人民服务"，我在这里只能说事事在学习，向每个工作同志，向本地干部和村干，充满了情感去理解，从工作进展中，并向在教育启发中逐渐生长壮大的农民学习，学从本质上及变化上来理解认识，更主要还是从这种种来明白"从群众来到群众去"的工作方法。我不是说过在工作中给人印象，易如一个"自由主义"者对事的不关心吗，事实上这里接触到的大小事情，我却用得是一种严肃到极点的态度来理解，来认识。因为比任何文件书本对于我教育意义都深远得多！我且明白，这次工作，对于每个北来同志，都有终生影响，但一和农村离开时，即必然也和这里的将来荣枯失去联系。我倒稍稍不同，至少有一年工作要和这片土地这些人民的发展分不开。

这几天村子中正在斗争一个大地主，由全村农民把一二十年前一二斤甘蔗或相似小事，到拉壮丁家小死亡大事，一个一个的申诉，特别是老婆婆对于乡保长兼地主的申诉，事越琐碎越使人起严肃感。因

---

[1] 指作者一九五一年十一月十一日发表于《光明日报》的检讨性文章《我的学习》。

为这即是阶级斗争和农民革命。封建的彻底消灭，新国家基础的建立，都由之而来。也只有从这个严肃而残酷的斗争发展中，来读毛选之《实践论》和日来北京方面文艺工作者检讨文件，才更深一层明白个人提高学习政治认识的重要，以及文艺服从国家要求的重要性。萧离或其他说的，不要为收集材料而学，他人可能有这个打算，未免不大明白我学习的意义！因为从实践学习中最重要收获，是每一种现象都可证明领导上文件的重要性，特别是农民受阶级性限制，易发生的倾向，处处可证明土改只是为工业化打下个基础，即工业品市场基础，国家政治基础以外的经济基础。更重要还是工人阶级的人生观和无产阶级的思想，来领导国家向前，中国才真正站得起来，向社会主义共产主义前进，对世界和平才会有更大贡献！这些文件上常提及的话，你在城市中来读，还是不如在乡村工作实践后读来意味深长！

这次土改废名也参加，是在中南区，可能到湘西。在中山公园音乐堂我见到他时，他说要写小说，大致会实现计划的。上四川的熟人中有杨起和王珉源、李一平，都过了川东。我们这里一队，文教中占百分之六七十（中学语文教师比较多），人民艺术戏院也来了不少人，布景、道具、灯光，无不有人，且有演员，有作曲家，只差一个写戏的。也许这种人即在工作同志中，我们并不知道！也许得由我来写，近一月来许许多多事情都比所见到戏文感动人，而且有几多惊人场面，从这个背景中看来，才格外生动！一切太严肃了，正如临来时柴才民在音乐堂报告说是"战争"，如一一说来，由虎虎记下，记到某些段落时，虎虎也会捏一把汗的。仅就一小小村子已有那么多事件发生，那么多问题待处分，想想同时在进行的，是万万人民广大区域，用同一方式进行工作，有万千种斗争，有万千死亡与毁灭，也同时培养了万千新生种子，你就明白，身临其境的工作者，如不感到时代历史的严肃，倒怕是不大可能的！即因此，我不是消极感伤，心脏却有时不易支持。你说"为人民服务"是比较抽象的说，正如我过去和他们谈写作，真的如何教会一个人用笔，可并不简单！在这里，服务是多方的。如战争，集体分工，各有所司，号兵和机关枪手工作性质就全不相同！在这里做我们小饭团的炊事员的，是个村妇女部长，不识字，一天忙于做饭，从工作表面言，不如在斗争会中一妇女小组长，但如从服务另一意义言，可就作用大！在这里工作中，把服务也从各个不同需要上配合去看的。有些朋友完成任务是在这里和土改时间一致的，即是说土改一完任务也结束，我的任务完成，大致却要在回到北京以后三个月或半年。它的一切影响我处，却是终生。把这一回认识和过去卅年来从农村中得来的印象、知识（特别是老农和青年的）结合起来，实在有重要意义，如有机会能完成拟想的十城记中几个故事，会达到一个新水准的。

从文

致张兆和

☐ 内 江

（一九五二年二月九日）

叔文：

　　一切都在计划中而动。工作队同仁，即从农民代表中种种矛盾里，寻觅、发现，将田土数字提高，从各个分子和彼此之间的思想斗争发展中，进行第一步的自报公议查田办法，准备下礼拜的分田工作基础。工作已入高潮期，全个院子楼上楼下，各处是争辩，各处是质问和责难。直实一点说来，即"个体利益"和"群众平均思想"在战斗。和斗争地主有截然不同的情绪，而比之且更见出不同"激烈"，因取舍间可充分看出农民性的特点，也形成农民型的意识形态。如没有参加这个工作，单纯从文件上学习，由农民调查报告到最近土改文章，可以说，全是看不懂，懂得也极不具体的！《实践论》知识三步骤为：相信——情感的，承认——理性的，实证——身预其事。三者合一，方为对于某一问题具有知识或认识。关于土改的意义，和它在明天将来发展中，对于国家所作成的历史重要意义，要理解它，的确是只有身预其事，才可说稍有理解的。这段工作一过，再过一礼拜左右，我们可能就得和这个村子，这一群人民离开了。照一般工作同志工作说来，时间已不为不多，不为不深入。比萧乾上次到湖南十倍多日子。若照我对于这工作和将来工作意义说来，和一切人事还未免接触得太粗浅。想就这回工作提出些问题，表现些问题，解释些问题，处理些问题，都还不够，需要更长些时间和更深入细致些，和这个在发展在生长的群众接近，才有可能把工作搞好！我们住呈贡乡下八年，虽在生活上和当地人近乎完全打成一片，但是却如在一种不相关的自然状况下共同存在，彼此之间的荣枯哀乐，是不相通的，是在完全游离情形中过日子下去。虽前后将近八年，还不如这次三个月里相互熟习。在这里三个月，差不多每一次集会，每一个段落的工作，影响到村子中人是什么情形，都有反应，又都要从这个群众意见反映中来布置下一回工作的。下小组的同志，且必须知道每一个人的问题，真不是简单的事情！我还应当综合知道许多人许多事，可是时间还是太短了。真的说知识，还要从一些新的学习上来注意，来补充。这三个月时间，只能说是初一步学习把自己稍稍稳住罢了。也是从这种学习中，才深一层明白文艺座谈所提"普及"和"面向工农兵"，"为工农兵"的重要性。我们有将近四万万人民，生活情况和知识水准，大致都还是和这里村子中的各阶层农民相差不多。特别是青年农民，都是从土改起始，在国家有计划教育下生长培育的，他们的当前和明天，显然是要影响到国家向前发展方式，和对于世界共同幸福的！一面是问题那么重要，一面是如何产生有教育意义的文学作品，还如此少，领导教育还处处在摸索中，我倒觉得有义务待尽，即来写几年在各方面生长的东西，而在工作中，且永远是从理解这个生长的东西，如何来重现的问题着手。实际上也是在工作过程中，我是个可有可无的工作人员，但如何认识问题，从一般性问题上抽出典型的人和事，好好的重现他，才真正对于国家有意义，而对于个人改造为必需！

今天已九号，得见一月廿八来信。我信写得稍长，因为除作工作笔录，不另记日记，这些信正可以见出在工作过程中一些印象，一些影响。这次到乡镇上开会已四天，今天下午才从场上返回村子里，这一礼拜是最事多的一阶段，大致已不能再写信。在这里有四份报可看，重庆的《新华日报》和泸州《川南日报》，都常先把北京三反消息和重大事件转载，所以知道的大事件还多。回京时，大致还可在内江、重庆、武汉看到三反中一些重要举动。这种事，是有极重要良好作用的，可说在历史上也是伟大空前的，特别是知道国内各方面的情形时，更会觉得国家这种措施，值得永远拥护。

南行通信（选）

致张兆和

□ 济　南[1]

（一九五六年十月八日）

兆和三毛姐：

　　我们上车时幸有余庠同去，不至于为行李弄得拖拖沓沓。车厢黄黄的，一排共五人，分两段。座位不怎么挤。更难得的是没有人吸烟，也少有人"放炮"。八日上午二时到德州，车停下来不再动，本应当上六点到济南，挨到十一点左右才到。路上虽多挨了时间，可是由德州到济南一路天清气肃，可看到大清早庄稼地爬梳得整齐如画，许多人在田间用牛耙土，实在动人。过黄河也看得十分清楚，真是幸运！十一点到山东博物馆办事处，住在一座小楼上，窗子外是一座教会楼房，院子中树木萧疏。我们很像两个新来的修道士到了一个修道

---

[1] 这里选编了一九五六至一九五七年作者三次南行中的部分家书。

　　一九五六年去上海方向，是以北京历史博物馆文物工作者身份的业务性出差。一九五七年去上海，以及一九五六年冬去湖南，是全国政协安排的视察活动。在相隔二十二年后，一九五六年作者有机会再度访问了湘西的家乡。

院。十分像！打量住五天再过南京。

中午到文管处拜访一张老先生。后来到一第几合作食堂吃饭，清清爽爽的。又到"人民公园"，虽然也有许多人围在一些年轻猴子住的栊子边，彼此互看，也有人推小娃车在树下，也有搞对象的在树下默默的排队散步，也有芍药花坛，就只是地方太小，容纳到三千人民时，大致就应当叫作饺子公园了。

济南给从北京来人印象极深的是清静。街道又干净，又清静。人极少，公共汽车从不满座，在街中心散步似的慢慢走着，十分从容。房子似乎都经过日本人改造过，低矬矬的看不出旧风味。小小的，一排排，都用红砖砌成，许多房子都应当名之曰"小洋房"，住的却大都是中国人。在这种房子堆堆里，却有几座建筑格外现眼，一是电影院，似乎极力求人承认是"民族形式"，我们还是不承认。因为用红砖，形状和护国寺劳动剧场差不多，却大过一倍，前面有大红柱子四根，大致连建筑师也不大明白这柱子会红到这种不调和程度，是为什么！其次是山东剧院，前面如一大牌楼，威严堂皇，后面却如这么一个大圆棚，作深灰色，大致也是出于建筑师意外不好看！第三是一个绿琉璃瓦顶庞大建筑群，有许多房子，前边还有大照壁一，高桅二，后楼一座则仿佛宋人画的仙山楼阁。四围长墙又高又结实，路是石板路，这才真是民族形式！就是博物馆现在地址。外表令人满意。这房子谁也猜不出是谁作的，为谁作的。问问才知原来是卐字总会机构，二十世纪道教的回光返照最后一座建筑！照过去一个熟人说来，他们的祖师是专说笑话的济公，信徒每日必默祷，默祷对象却是熊希龄。真正是谁也意想不到的事情，和搞近代史的人说，人还不相信的。

济南住家才真像住家，和苏州差不多，静得很。如这么做事，大致一天可敌两天。有些人家门里边花木青青的，干净得无一点尘土，墙边都长了莓苔，可以从这里知道许多人生活一定相当静寂，不大受社会变化的风暴摇撼。但是一个能思索的人，极显然这种环境是有助于思索的。它是能帮助人消化一切有益的精神营养，而使一个人生命更有光辉的。

现在已黄昏了，窗外树影逐渐模糊，对窗那座灰洋楼静静的，只有二三处小窗口灯光照亮，更加见得幽静。照理这里望到的应当是一些年轻白帽黑袍的女尼，或白衣白帽的女护士，总之，看到这些人从对面楼下走出，在院中幽幽的说点什么，窗中的一位充满了抑制不住的热爱，却抑制下来，是常情，是常态。如在此时此地，什么也没有见到，只能听到远处有不好听刺耳音乐连续……你说怎么办？没办法，听下去！不过最好还是听听别的音乐或女尼对话。天色虽黯下来，还有一片明蓝。月影子从疏疏树叶中透过，真是好情境。如有一点钟声代替音乐，我就更像修道士。

已经起始觉得累透一身了。我们只有如年轻修道士一样，看够了这一切时，躺下睡去。明天一早将去拜会几个老先生请教。大致住四五天就去南京。天气真美。凡事放心。

从文

十月八日下七时

252

□ 济 南

（一九五六年十月十二日第二信）

第七，十二晚济南广智院小楼上

兆和三姐：

　　气候晴朗，正是游山玩水的季节，千佛山正值什么庙会，我们还是在博物馆工作。今天我们又看了一天东西。从库房看到陈列，听库房中一同志（上午）和说明组另一女孩子（下午）说明内容。学了许多事事物物，特别是明白地志馆当前问题，房子问题和文物鉴定问题，说明员提高问题。明天这个时节，我们可能正坐在车上，沿着泰山山脚前进。明年如方便，再作登泰山打算。其实倒应当看看青岛一切设施，特别是历史国文教学和实物配备的设施，但是时间不敷用，也只好作为将来看去了。明天下午五点开车，后天上午可到南京，在南京大致得住五天左右。主要是看南博。拟在苏州二三天。上海或可

253

多住几天。正是秋高气爽的季节，可是我们却因为工作，每到一处至多可抽出一天半天看看社会光景。至于工厂等等根本不可能，因为没有特别介绍信件，是不可能看到这些的。上海或许可从某些熟人介绍看看别的东西，真的要看还是待政协视察时方便。不过那是大伙儿走动，也有另外一种好处，可多看。单独走则容易细看。我想明年如可过蒙古看看也有意义，名字似乎远，交通其实近。这次受时间限制，不然向四川走，一定可知道许多！一出门就明白必须多看看各方面的成就，和在进行的工作，待进行的工作，才是道理！

夜已深，一切静沉沉的，只远远的不知什么地方有鼓声遥遥传来。这些鼓声可能是从一些充满高兴的人手打出，可是在这小楼上听来，却总像是有点隔世之感。窗口恰恰是那一弯新月，鼓声繁密充满一种幼稚单纯情感，很奇怪，越响我似乎越和它离得极远。我想起在四川土改时，曾有个小胖子背了一面鼓，跟着为我扛枪的农会主席身后，我就那么单纯的打着鼓，跟随他们一道去没收地主土地。走了一道田坎又一道田坎，终于到了那个人家前面，才大播一阵完事。现在鼓声可能是另外一些人正在进行另外一些事情，就他个人说来，不过是打打鼓，就社会发展来说，也正不下于土地没收，是历史上一件大事情！

前几天到一个民众市场时，走了几转走到一些说书处，一共五六处，有的全场子不过坐下十来人，有一部分可能还是相熟人来绷场面的，在台子上有个中年妇女，憔悴面容，穿一件青布长袍，双手舞着在那里说故事，十来位听众就有打哈欠的，但是说书的因为见有外人在听，还更加精神的说下去。台上搁了个小笸箩，一定是到半场时敛钱的。今天又到个"大观园"，和东安市场差不多，纵横许多小街，还有四五个戏院分布在周围，好几十家馆子都干干净净。使我们发生兴趣引起注意的，还是一排五家贩卖出租小人书小铺子，有好几十位大小读者蹲到地下看小书，灯光黄黯黯的也不在意。还有母亲带孩子看的（图书馆主要读者大致也是看这类书的，因此曾另设儿童阅览部）。满墙满架子这种书，都翻得脏脏的，可知已过了多少人的手，许多人的文化知识，是从这些巴掌大连图带字的故事书中得来的！还有些军人在看！才明白火车上为什么每一座前都有一夹一夹的小人书，供乘客随意翻看，原来要它的还不止小孩，很多大人都要看看遣闷散心，很多人还从这书上受教育，取得做人勇气和信心！

我曾试翻翻看这些书，有画得极坏的。有各种不易设想的故事，也有许多旧小说故事。也有科学简说，图多乱乱的，画得不怎么好。英雄模范事情，也有画得还好的。总之，这是最有读者的著作，将来读者还要加多，销数如处置得法，销数不止是一百万，起码应当是五百万。不过写它的人也需要大勇气！因为会写文章的人，如不迁就习惯写法，是得不到成功的！

从文

☐ 济 南

（一九五六年十月十三日）

第八，十三早

济南广智院

三三：

　　早上钢琴声音极好，壮丽而缠绵，平时还少听过。声音从窗口边送来，因此不免依旧带我回到一种非现实的情境中去。总像是对某一些当前所见、所感、所……要向谁嚷叫："不成，不成，这样子下去可不成！"嚷的或许是面前具体事件，或许只是所见到的一种趋势。或许是属于目前业务部分，或许和业务不相干的一点什么。琴声越来越急促，我慢慢的和一九三三年冬天坐了小船到辰河中游时一样，感染到一种不可言说的气氛，或一种别的什么东西。生命似乎在澄清。我真羡慕傅聪，在他手下生命里有多少情感、愿望，都可变成声音，

256

流注到全国年轻人心中，转成另外一种向前的力量！这种转移再也没有比音乐来得更直接、纯粹而便利了！定和不知为什么学了廿年音乐，却放下了这个使用工具的权利，来搞普通地方戏。这算是一种什么打算！他不知一个人一生能作三五个小曲子，就比搞一生戏剧还有作用得多。我总觉得目前"戏"只是一种娱乐，人家注意的是故事，局限性极大。而且一个十分成功的戏，也随时都可为一个极平常的新作所替代。正和一个名演员随时可被个后生小女孩所代替一样。至于一支好曲子，却从不闻因时地不同，而失去它的光彩。假若它真有光彩，就永远不会失去。只有把它的光彩和累代年轻生命结合起来成为一种力量，或者使一切年轻生命在遭受挫折抑压时，还是能够战胜这些挫折抑压，放出年轻生命应有的光辉。总之，他是力量和崇高愿望、纯洁热情一种混合物，他能把这一切混合或综合，成为一种崭新的东西，在青年生命中起良好作用，引起一切创造的冲动，或克服困难的雄心。在老年生命中也可唤回一切童年生命中所具有的新鲜清明。真是个了不起的东西！

　　记得一九三一这么一个天气，我一个人走到青岛那个（福山路？）高处教堂门前，坐在石阶上看云，看海，看教堂石墙上挂的薜萝。耳听到附近一个什么人家一阵子钢琴声音。那曲子或许只是一个初学琴的女孩子所弹，或许又是个如"部长太太"那么"嗲"的女人弹的，都无关系。重要的是它一和当前情景结合，和我生命结合，我简直完全变了一个人。我只想为人、为国家、为别的什么做点事，我生命中有一种十分"谦虚",又十分"自信"的情绪在生长。它在当时虽若十分抽象,但反映到另外一时却极具体。在学习中和写作中,都会发生极大的影响。也许因此越来越像不现实,或生命中总被"不现实"那一部分支配,生活永远陷于败北状态。可是不妨事,因为"谦虚"和"自信"还依旧存在。谦虚可以推进学习,产生不易设想的一种学习钻研热情,自信却可从一切工作中通过困难,见出工作的成果。也许始终是败北,可是败北的是人事生活上的一面,应当还有另一面和好音乐一样,永远能有光辉的!

　　我们下午又到馆中去看看。后来听说千佛山有庙会,因此赶到那边去,原来和赶街子一样,有万千人在登高!山路两旁,是各种各样的地摊,还有个马戏团在平坡地进行表演,喇叭嘶嘶懒懒地吹着,声音和三十年前一样!还有玩戏法的,为一件小事磨时间,磨得上百小观众心痒痒的。卖酒的特别多。此外还有卖篮子箩箩等日用品的,可知必有主顾。真正最有主顾的是成串柿子。山路转折处又还有好些提大篮子的,篮中作扑鼻香,原来是卖烧鸡的,等待主顾登高饮酒吃用,一定也有主顾。只是作诗的怕已极少。路旁还有好些茶座酒座。学生还排队吹号击鼓来玩,一般都有小龙高大,看样子,还很兴奋!马路一直修到山脚边悬崖处,崖上石佛其实都不怎么好看,欣赏的还是万万千千。更多的是从小路爬上悬崖直到山顶,人在高处和小蚂蚁一样。我们因时间迫促,只在崖前下边一点看看游人已够了。只买回一件艺术品,最欣赏的大致只有小蛮父子,费钱五分。

□ 苏 州

（一九五六年十月二十四日）

十月廿四日晚上

三三：

夜已极静。

今天小五哥已和我到一苏州著名皮鞋店买成黑色皮鞋一双，价目是我有生以来所购最贵的一双鞋子。计十六元五角，一只已达八元二角五！又另买布毯二床，因选来挑去，还只此二种好看，是尊重他艺术眼光挑定的。已托他另寄北京。

我们约定今天看虎丘塔和园子。早上先到逸园，吃早上东西，再坐马车到虎丘。虎丘可看的是大塔，已歪斜，闻文管会正筹备保护工作。照我们看来，下部裂痕明显，基础已不稳固，塔已斜，又过重，再经二三雨季，恐怕会有问题，千年名迹将成瓦砾一堆。命运将和雷

259

峰相似。塔各处都已太旧，唯红白斑驳耸立于蓝天白云背景中，非常美观。上面飞鹰盘旋，八哥鸟成群鸣噪，这种景象恐不易再得！虎丘房子经加修整，已成苏州新名胜区，小街上生意比呈贡还好得多，馆子且比北京一些馆子还好。闻星期日热闹如赶街子，学生结队到来总不易结队回去，可想见游人之多！虎丘附近五里全是花房，田地全是一盆盆木兰、玳玳和茉莉，河码头运花船只，可运数十大箩筐木兰花，每筐计四十斤，运到一茶厂去薰茶。我们就眼看到一大船木兰花运去。闻小五哥说，花盛开时全码头边都是花筐，等待运输，船来时争取时间以分秒计，来即过船，十分热闹。现在已是淡季，每天不过若干船而已。庙门边卖花三分一扎，还用个小小稻心草笼笼装定，极其有趣。到虎丘高处四望，只见一片平芜，远近十里全是一簇簇花房，白墙黑瓦，南向部分则满是玻窗。目下各种花草还在秋阳下郁郁青青如图案，入冬即迁入花房过冬。花农收入极好，从万千座新房子就反映得十分清楚，从河街各种做生意铺子的情况也可明白。这完全是一种新景致，可惜永玉不来，来时必可用水彩或粉笔画收入画中。这是在一大片绿色平原上，加上各种黑白方块拼嵌入各处空间而成的。三个颜色的对照和完全和谐，真是一种稀有的奇迹！还有那条从太湖流出贯通绿原的河水，水中千百个风帆移动，真是奇迹！一切都好得很！天气又恰到好处，任何地方一点灰尘没有。小五哥说："三姐能来住一星期多好！"这个话，随后到留园看竹林子时又说起，第三次是在西园新修理的水池旁说的。

就修整艺术说，留园最有匠心。同是用石头隔成，留园用石不多，因此一切见得舒畅，花树虽不如狮子林，却比狮子林有气魄。窗格子家具也比拙政园讲究。狮子林、拙政园、逸园各个厅室都放满了硬木家具，都是从近代新地主家弄来的，笨笨呆呆，和一般暴发户样子。并且到处有什么亭、轩雅名，一个二丈见方盒子式房子，只因为外边有一点竹子和梧桐，就名"凤栖碧梧之轩"。一个水塘塘养了三五只鸳鸯，就取名"三十六鸳鸯之馆"。总之雅得极其俗气，和《儒林外史》所讽的名士之流情形相差不多。门板上到处刻花鸟画，到处题诗，也不怎么高明。挂的字画屏条，都平平常常，只能满足作者本人，唬外人，可不能骗真正行家。好在行家也并不怎么多，所以还是好！留园各处匾额已失去，即未再补，家具也比较好，画也稍好，最好是一些玻璃宫灯，边上流苏穿浅绿淡蓝料珠做成，极其清雅。庭院中木石外总有点点空间，处理得有艺术。窗棂格子疏疏朗朗，不过于堆砌，视线开展不受石头限制。应当算是苏州目前较好的园子，空间多，新的中国花草可补进空隙，因此也是最有前途的花园。不幸是每到一处，还依旧有那个漆成绿色，又不得用又不好看的艺术设计垃圾箱，总在最当眼处出现。大致设计的还很满意自己的有创造性艺术，却不知那是最不艺术的创作！一边是痰盂一边垃圾箱，还编了号！西园大树很好看，只不过气候还未到降霜时，因此枫木银杏叶子都还绿油油的，红不过来。在虎丘河街上铺子里我们吃了中饭，从留园入城时已断黑，因就观前一个什么经济食堂吃晚饭。虽走了整整一天，行止支配得法，还不觉得怎么累。

你来信说的施蛰存处款待我回来为处理。再有三天我们将过上海，住处还未定。如有重要信，可寄上海作协巴金收，我信附入内里，请他收下我去取。外不必写我姓名。这信寄到北京时，我们可能已到上海了。这次所学对编图谱极有用。对整个陈列和工艺史研究都得用。很多东西还从未发现，即这里发现的人也还不明白它的重要性。有些新出土的……如方格漆盒且完全如过去我所推测，证实了有些陶器实为仿漆器而作。又有些新东西可以证历史文献。又有些更为我们研究宋人绘画、服装等提供了崭新而十分重要材料。还有一片稀见大锦缎。照初步估计，将来恐还得用二月时间来照相，因为有二百三百器物恐非得照相不可也。

这几天气候正是下半年最好的，我们走了不少的路，也不觉得怎么热，更不感到累。我们明天还得看陈列，后天看库房，大后天看刺绣织绒，若一切能照时间安排，礼拜一大致即到上海了。苏州郊外比城中好。特别是虎丘的万千花农经营的绿原和花房，照晒在明朗朗秋阳下，真是一种稀有的好看景象！听说各花做成的香精，出国也极得好评。一切还在发展中。虎丘山门山塘街到处有生熟菱角出卖，还和龙街子云南乡下人出售慈菇一样，是蹲在路旁放在竹篮中出售的。买东西的人也得蹲下挑选。河中船只多极。入城交通工具计四种：马车、三轮、人力车、船。马车最快，船最好玩，我们却乘三轮，为了到西园方便。

□ 上　海

（一九五六年十月二十九日第二信）

三姐：

　　谢谢寄来的文章。读过后我觉得虽通俗到家，却没有什么意义。里边说的很多都是错的，有些且近于胡扯。一涉及文物，更是蜻蜓点水，不着边际！我在苏州车站已买了一本看看，觉得几个编辑都不大负责任。这种错误不下三十处的文章，是有趣还是有意教育读者？作者什么都不学，怎么能教育人？这种百家争鸣对作者有好处，即什么不懂也可乱说，可是对读者实在获益不多！如这么写文章，我每天也可天上地下写三五千字了。这种通信也可当成作品发表了。对读者无益，编辑应负责任的。我的文章已寄出给画报。画报上要求是不大合的。所要求的张恨水或其他许多人都可满足，因为随便抄抄故宫说明，还不容易？但另外说点中肯窍的话，他们却不大知道，以为多余，删去了。这也是我白热心的必然结果。因为"习惯"是只要些不着边际泛泛文字的。也无怪乎好些刊物都毫无有性格有生气的好文章，为的全是照例无一句错话，同时也照例无一点精彩的文章。聪明有远见的编者得改进看稿作风，不要再错下去，才是办法！

今天这里已冷了些，可是我却总是出汗。大致有了点点累。不知是喝茶作用，还是各种声响怪，晚上易醒，醒即不能再睡，相当费事，因为白天还有事待做。如果存心做作家倒好，因为晚上一醒，起来写点什么极顺利。可是现在是个半公务员半专家身份，一去参观，就涉及物质文化史全部问题，也问人也要被人问。尽管是照老习惯，一见到坛坛罐罐即精神奋发，可是到末了总还是相当累！累而难睡，不免觉得有点点糟。白天也老是出虚汗。住处条件极好，比和平饭店强得多。出入还得拿个有号数的"临时出入证"。有好几百房间，住下三山五岳来人，有些或属于什么"拗令皮客"的什么员，年轻力壮，有些或是观光团，手上买东西一大堆可以知道。也有不少"代表"，具有各省科级干部味，仿佛闻得出来。事实上是看得出一大半。上海地方我算算前后已住过几年，大路还记得方向，可是不拘到大街小胡同，总像和那些住家走路人十分生疏。仿佛他们怎么活下来永远不易理解。特别是那些大大的房子中在进行的事情，以及极小的弄堂，挤满了大小人怎么过日子，怎么做梦，永远不易理解！还有那种随处可见的"摩登女"，进出商店带了一大包东西究竟是怎么回事？那么多东西用得了？王畸姑母老太太用长沙话说得好，"上海女郎所有全在身上"。过去这样是可笑，现在却是必然，这是有严肃意味的。

闻竞争生活，竞争婚姻、出路，都无形而相当激烈。一般有四五十元公务员，都必须打扮得干干净净，才有办法。到处有女职员，可能长得好的比较容易找职业。而许多人即或会打扮也还不容易有办法的。又有些事找得用的人，却不易找，博物院说明员即是一例。女郎还是乐意嫁首长，首长年纪却必然相当大，而且有了人。总之，有竞争，有悲剧，只是不成为新闻资料罢了。南京路红庙烧香人相当多，可见发财幸运并未能一时从人头脑中赶尽。但是走到任何一处，工作服务人员态度都极好，比北京也好。这是真正社会教育和个人觉悟的结合，车上船上大街上，无处不可以让人体会到这种新景象。特别是活过几十年，从旧社会而来的人，看看这种种，真想不到。这其实也是一种竞争，人人争好的表现。在工人则为真正有了觉悟，当家做主，对工作有了责任有了爱。北京好些合作社的售货员，医院的某一种人，服务态度不好的，其实都应当来学学。一切善得很，车子过桥时还有不相干的路人为推推，你可想到是上海事情！我如多住一个月，会发现更多好事情，好现象。处处都说明中国人在共产党教育下真是站了起来，谁也压不下去！

可是也自然还有另一灰色面，大小弄堂万千孩子成群看街，三几年大致还不可能有像样学校产生，能满足都市需要。孩子们生长太快太多了，不能不说是一种担负，因为再穷些总还是得从土地上取得营养，要吃的！邵力子劝人吃蝌蚪，解决不了这个问题，总得有办法来适当节制。

今天将去见笑眯眯充满好意的蕴珍女士了，听到说起龙虎时，一定要伸伸舌头，眼睛圆睁，头略偏着的说："三姐开心！"我如老派一点，将要请她作媒，如再新派一点，将要请她介绍对象，不老不新，于是只有笑笑，"女朋友，慢慢来，是他们的事，我们不着急！"也必然要问到树藏和萧乾，对萧乾有斗争，这是历来的态度！也可能问到凤子，连类的说："三姐可不老！"我也许会要她陪同去买袜子，到时却先请她买一枝拐杖，问用处时即说是"为龙龙的老母亲买的"。笑得她个人仰马翻，我才不管！

　　她们孩子一定也长大了，昨天在电话中即听到说还要和阿什么去学琴。在父母一定希望要她赶上傅聪，事实上却不知道将来能否学钢琴。男孩子可能已和小迪子差不多，穿上小飞衣，脚着皮鞋和我的大小相近。如此一来，吃酸梅糕也必然是一大块半块向口中填塞，再不会如南京张以某指甲大那么一尝一缩肩，动作和欣赏一致反映到人印象中，"主题分明"。（不说主题分明说什么？老师。）

　　看看近日《文汇报》，如范烟桥说苏州菜，都近于从不出门的人梦话。他是苏市文化局长，只说苏菜天下第一，也可谓说得蛮"天真"，因为年近七十，全不知中国有多大，有多少省出好菜也。如用你家中人投票，只有小迪子同意票，高干即不会同意，由于见事多！那文章幸好还不曾正式介绍苏州"排骨"为有名菜。苏州人欢喜吃面，面馆也因此特别多。王畸吃过两次排骨面后，即坚决不再吃面。理论和实际结合，原来面汤清整淡，面细而碱重，下齿无筋骨，不加一丝素菜，排骨孤独游离于面上，照北京习惯，宜于正式宣布为"不好吃"也。我当真就不吃。不过得承认汤包很好，每早都用到，比上海大马路大铺子的还好。

苏州点心在你记忆中好，事实上你也吃勿消，甜得无是处。回来时我带一点点由虎虎考验，也考验虎虎对苏州的感情；玫瑰酱多不便带，上海如有或带点回来。我如果可从这里出发，就不便带。向南走，皮大衣是不必带的，向北则早已着皮大衣。

从文

□ 上 海

（一九五六年十一月二日）

礼拜五下午

上海大厦

三三：

今天报纸上已见到英法侵埃战事发生事件。这实在是一件大事情！我们今天上本市建设博物馆看看，第一回学习站在一个办公室等候人的课目，约等候半小时还多些，且一再问"有公事我们就改天来"。最后才见一个主任找我们进去，坐定后才空空洞洞地问"什么时候来的？……住何处？……"又说"因为上海有两个博物馆，一个是这里筹备处，一个还未成立，怕是来找那一个，所以在研究……"说的稀奇而又不伦不类，真是值得上报的对谈！很奇怪，怎么现在还有这种人做领导工作？这个馆前不多久还才到我们馆中翻洗了好几百张照片，为什么我们来看看却这样？必有个原因。

离开后王畸才说："可能是到历博没有得到好好款待，所以报复一下。"如果真是这样，倒也是新闻。因为在工作中，我们总想象不到还有这种人，而且来领导业务。但是也由这个假定估想我们馆中情形，一定不可免有用"官僚"方式对待外来拜访的情形。由于领导业务的不摸业务，一个文件转来转去，到各部总不大接头。由于某些部门做主任的也不摸业务，客人来了于是把信看看，不知如何是好，又转下去。由于懂业务明材料的人不多，遇事总如此"泡"。总不免泡过一些外来人，给人印象相当糟，我们却一点也不知道！于此也可见，每一馆总得有二三深刻透彻本馆业务全部的人来接待外来同志，才能帮助外来同志。如果领导的都像个今天所见到的一位"官官"，什么事也不用做了。因为什么事也不好做。我还料想不到现在社会还有这种办事作风的人物存在。

我们这三星期真走得有点累了，白天午饭后一倒下床，就像不大容易爬起。今天下午实在不能再出去了，才不出门。气候好得很，唯出门换车上下，总永远像北京上上下班情形，挤着推着的，车子走动时响声震耳，过马路时都用的是演三岔口姿势，敏捷准确到一个惊人程度。但同时也还可以见到托儿所主任带着一队小孩，口中一二一二的喊着，本人用倒退姿势慢慢走过十字路口。

戏院中正在会演昆曲，外来人找不到票子，报上却各处有文章在宣传。报上副刊文章，总还是一些琐碎杂文，得不到大处。有些过于地方性的争辩，大都看不懂。上海地方如按人口比例说，读书的人似乎远不如北京之多。书店不见什么人进出，报刊部分也不如北京同样地方热闹。街上不卖报（卖报人极少），必到邮局去买，不方便。在车上极少数有人看报读书。只有街头贴报处还有些人看报。很多人可能就不看书报的。作家大致也只是在学校一类地方起点作用，别的地方远不如机关首长处长科长之重要。地方另一特点是男性干部内中包括教授，穿衣近不如北京干部之整洁，总是脏脏皱皱的蓝布衣，作成"老干部"式，或许这么一来在群众中威信会高得多。女的则如上次所说的收入积蓄全在一身，但是也有即在一身还是脏脏皱皱的！这几天来唯一一位穿着摩登人物是章大胖夫人，真是个美人儿。大胖已过北京，将和几个作家去苏联，带队去那里玩两个月。女孩和蕴珍女孩一样，都在学钢琴，月另费三数十元。

晚上约好和流金过她家中去吃饭，见到了李宗蕖和从同一模子印出的四位小宗蕖，大的已过十岁，顶小的三岁，男士一，女士三，全是壮敦敦的，极好玩。家中有四位小朋友，上桌时热闹可想而知！母亲布菜时左顾右盼，得心应手，"大妹筷子……小妹你……小胖你不能吃了……"虽忙而不乱，比王令诲从容得多。每人半块酸梅糕拈到手上后，各自眼睛骨碌骨碌转："好酸！"大致还是生平吃到最酸的东西，可是很显然好吃，一会儿小手通伸出来了："还要一点点！"极小的也必须要再给点点才能解决问题，于是再吃点点，"好酸！"虽那么说，却都认为好吃。住处已完全是郊外，距我们住处有一点半钟路程，还是坐公共汽车，用上海式速度行动。来人不会太多，因此孩子总乐意有客人到来。我住在他们小书房中，小女孩一定要贴在身边听我们谈天。李宗蕖做了大半天的菜，可惜我正是最不舒服的一阵子，只能吃荠菜虾仁，几几乎吃了一半。其余鱼肉都不敢下箸。住处如上海三层里弄，有卫生设备，工程比较草率，可是空气极新鲜。学校课室入晚通明如昼，热闹得很。大清早放音乐也还像音乐。只看到许多小女孩在球场上玩球，大都是短短的干部服，梳双小辫，有些辫子似乎还黄焦焦的，即书上所谓"黄毛丫头"神气，我还以为是什么附中部分，教员家属子弟。问问才知原来通是大学生。年纪大都已及二十来岁。南方人给我一种共通印象，营养不足，成熟后还不成熟。有些人即做了祖母，在生理上某一部分某一意义也还是未成熟。正和某种"挂枝果"一样，长不到头，就完了。到处是糯米汤团和炸年糕，这些东西如到某一天都变成了北方水饺子应市，上海地方有上百万人会变样子！

　　小龙如到这里来，到车上时会有人侧目而视："这么一个大个子，喔大块来哉！"说这个话的人可能就是个大三年纪女学生，比我还矮一个头。我始终对于南方吃的问题感到是一个问题。一般饭馆素菜使用的稀少程度也是少有的。或许有些蔬菜比肉食类还贵。

□ 长 沙

(一九五六年十一月二十四日)

三三：

　　这次过长沙考察的，这回车人并不多，我一路咳着到达。

　　同行只三位，查阜西和一位李老先生，年六十七岁，在北京做度量衡局长的。

　　车到内丘，因前行车出事，误了五小时，因此到达武汉时已下午四点，到招待所时已五点。查先生二人过大桥工程处看建设，我却坐了车过协和医院让四个医生看，看了二小时，打了二十万单位盘尼西林，拿拿薰、吃、涂、漱药五六种，才回住处。原来喉痛咳嗽是"扁桃腺发了炎"。车已定八时过长沙，因此七点大家还是一道过江上车。约今早四点到了长沙，住省府招待处。人已不发烧，不怎么咳，只是喉部干痛而已。不碍事，大早起来洗了半点钟澡，好多了。长沙天气极明朗。空气湿润润的，许多树叶子还绿绿的，芭蕉叶也长得很好，叶子还未吹破。从这些可以推测一月来天气情形。白墙黑瓦市容给人一种清新愉快感。今天可能得拜会首长，同行有三人，凡事好多了，特别是两个年纪比我大。路上听阜西谈他的"琴经"，说到高兴时就大唱起来，极好。可惜他要在这里看歌舞约二星期，我怕不宜如此耽搁。我们俟到此二三天后，即决定行动。还有陆续到长的。如必须等齐才听省府报告，这几天我正好看文管会东西，并了解问题。长沙可看的自然还多。

阳光下一片片白墙黑瓦，给人印象很新。地方正在建设发展中，不像苏州那么老。老的全烧了，新的也有不怎么处，即不大见得出地方特征。洋房子和别的地方相同，大马路也相同，整齐干净也相同。菊花十分好，公园中当陈列的品种，这里到处可见。省中遭旱灾，报上日在喊救旱。

我也许还得过医院看看，吃东西不起劲。和往日情形不大相同，一动动就流汗，或者人真有点老了，饮食一变，不易适应难吸收。

从文

十一月廿四日

273

□ 长 沙

（一九五六年十二月十日）

我们又看了一天文物，东西好，处理上问题多。许许多多东西都是国内少见的，许多东西并且是对世界也是一种重要发现，如公开出来将对各方面研究都有极大帮助。唯整理工作人员少，有些材料十分重要也不知道。有大堆汉漆器，就搁到那里，其实全是国内未见的。我们一看又是一天。看陈列，不能满人意，因为说明不了问题。宋以后东西太差。很多比我们家中用的还不如，通摆上了。说明员不济事，训练了几个月，说不出问题。馆中全是生手，如办文化馆方式来办博物馆，不合用。来看的上千人，可以说得不到应得知识。首先是教育人的还没有好好教育自己。比山东、南京、苏州、上海都不如。但库房中东东西西，特别是古文物，却丰富远过许多地方。

274

这几天虽相当累，体力还济事，已不咳，还在继续吃每天三片路丁，和八片什么维他命。天气还明明朗朗，拟用一天时间不外出，来写写意见印象，十二号一早即过江往吉首。大致在那边住三四天，到凤凰住三天，即回来，回后即过武昌，看看武大，即回北京。预计时间，也将在廿四五前后了。总之到京要过年了。我希望能把时间稍提早些。但各处看看，实在获益极多，对于各方面改进工作提意见，也比较全面，易有好作用，有很多人现在才来工作，其中不少熟人，在北京反而见不着面的。

长沙地方并不比南京大，可是似乎再住久些也不大容易认识，因为似乎另外是一套，住在交际处，能接触到的未免太窄。如用来和廿年旧的一切对照，则显然是两个时代，主要是人全换了。做事的人全换了，做事方法态度也全换了。学校因为我并北京的也不知道，旧的也不知道，不易得比较印象。在昆明时那个谭蔚，昨和他太太来看我，有了四个孩子，两人都在教书，太太教女中。学生据说都争着看《春》《秋》《家》，排队领书。至于《三里湾》一类书，却不多。《铁水奔流》也不看，看后印象薄弱。女学生大致还是城市中知分子弟多。我们孩子却已过了时期，也许不熟巴老伯，倒会是巴老伯读者。闻学生一"向科学进军"，多只赶理、数，对历史最头痛。大致教历史的自己既读书不多，也是头痛，因为实在教不出什么名堂来也。国文已在教古文，谭蔚即教古文。

老毛也结了婚，太太在做助教，自己在江西做事，大致跳荡已不如十年前，不读书还是一切依旧也。他的妹妹反在山东大学教俄文，比他上进。这次会演中有几位微笑态的家乡女孩，一切似乎并不比中央的差，闻平时只在合作社做油纸伞。有个唱情歌一再得奖的，平时是个理发师。有几个唱歌极好的，是船上水手。正是我廿年前和他们一道在船上的人物。那一位做纸伞的女孩子大致将来会成为自治州的文工团演员。如系过去社会，必然将为什么军阀收作姨太太，如系更新社会，应当选过中央歌舞团学习，或可望成为大电影明星……至于现在社会，只好将将就就，做民族文工团演员，嫁个科长，了事。这里博物馆一个搞群众工作的女同志，也年纪轻轻的，比以瑞太太还小得多，闻从什么文工团退伍出来，放到博物馆工作。很奇怪，一切好处正宜在歌舞团中得到发展，却来搞博物馆烦琐事务。另一面文工团却又苦无人。大致系统不同，各自参商，这个团体找人，那个团体却在退人，不免形成如此情况也。不经济处当事的照例不易明白。

你的老师马宗霍还在师范学院教书，曾看看他，他已入城，见不着。大致也相当老了，闻已算是老教授。且是唯一国学教授。

不知是气候不适还是打针过多，又还是住处过于官样，精神似不如在山东、南京活泼。也许是过于疲劳，一天总是动，总是谈话，而又是一种做客心情，不免有及早归来"倦鸟投林"情绪。其实体力已回复，再不会有别的事了，总像是有点倦。十二上了车会一切眼目一新，因为算算时间，已经有廿三年了。人真奇怪，近代交通工具虽这么缩短了旅行的时间，可是大多数人却不能如过去那么旅行便利，

276

至于游山玩水更说不上了。人都为事缚住，失去了过去人应有的从容，即自由如陈蕴珍女士，我告她来北京和三姐玩几天吧，她说我得送我家宝宝上学，学琴，一面说一面用小杯子浇花，也有点隐士太太规模了。巴金事就自然更多了。很奇怪，这么不从容，哪能写得出大小说？照我想，如再写小说，一定得有完全的行动自由，才有希望。如目前那么到乡下去，也只是像视学员一般，哪能真正看得出学生平时嘻嘻哈哈情形？即到社里，见到的也不能上书，因为全是事务，任务，开会，报告，布置工作。再下去，虽和工作直接接触了，但一切和平日生活极长生疏，住个十天半月，哪里能凑合成篇章？照情形看，要写，稍稍回头写五四以来事，抗日时事，专为学生及中级干部看，中学教员看，比《春》《秋》《家》相似而不同题材，写社会，会比较容易下笔，也比较容易成为百万读者发生兴趣的东西。因此我想写四嫂所谈故事，易成功，有十分之八成功。如照赵树理写农村，农村干部不要看，学生更不希望看。有三分之一是乡村合作诸名词，累人得很！

我每晚除看《三里湾》也看看《湘行散记》，觉得《湘行散记》作者究竟还是一个会写文章的作者。这么一只好手笔，听他隐姓埋名，真不是个办法。但是用什么办法就会让他再来舞动手中一支笔？简直是一种谜，不大好猜。可惜可惜！这正犹如我们对曹子建一样，怀疑"怎么不多写几首好诗"一样，不大明白他当时思想情况，生活情况，更重要还是社会情况。看看曹子建集传，还可以知道当时有许多人望风承旨，把他攻击得不成个样子，他就带着几个老弱残丁，迁来徙去，终于死去。曹雪芹则干脆穷死。都只四十多岁！《湘行散记》作者真是幸运，年逾半百，犹精神健壮，家有一乌金墨玉之宝，遐迩知名（这里犹有人大大道及）！或者文必穷而后工，因不穷而埋没无闻？又或另有他故。

梅兰芳六十岁犹上台装女孩子，有人在报上称赞宇宙疯装疯之妙，又说什么内心活动，出神入化，我一点不懂，今晚却有可能去看他的宇宙疯，岂不是奇闻巧事？我一看到他被人称赞的衣装就生气，宁愿称赞越剧《西厢记》，不肯同意他的洛神或任何一种戏剧服装，因为实在不美！但正如我不懂相声艺术一样，我实在不懂"艺术"，懂的是不知应当叫作什么！这也真是一种无可如何的事情。《湘行散记》作者不能再写文章，情形也许相同。

□ 凤　凰

（一九五六年十二月十九日）

三三：

　　我已于昨天下午到了家乡，沿路是好得出奇的山砦，到处在造房子，还照老例挂匾，"栋字光辉"！苗族是互助工完成的。到站约四时半，大嫂背了个竹笼来接我们，还炖了一只鸡！州中派了个年青文化干部陪我同来。我们在大哥家中吃了饭，就回到县署住，住的房子应当是过去"道尹"的花厅，现在已改建了一座大楼。附城山头树叶虽已落尽，还是极美。可是街道好窄！我奇怪当时还有人跑马。街上人挤挤攘攘的。晚上正值放映电影，要我去"与民同乐"，是在过去城隍庙改造会场放映的。台上和台下声音搅成一片，好热闹！闻每礼拜必有一二次，一毛一人。放两次得分别买票，第一次完时即大喊出去出去！这次映的是《天仙配》，七仙姐下凡尘，观众非常满意。回住处时和一些本城人同道在小街上走，和三四十年前看戏回家情形一样。到处还有小摊子卖花生橘子，老太婆守在摊子边用烘笼向火。每月有六七元，生活得多长寿！一个单纯！朝慧已长得和虎虎一样高，很好，就是一切还如孩子。人很纯，住学校中。我们拟廿二回吉，返长，归北京。算算日子，恐怕即早也得到年底才赶得回来了。

这三天看学校，听报告，参观一下建设。挂一天坟，并看二三老熟人，接大哥谈一天。他左手不大能活动，其余好，还撑住个杖子到处走，成为当地各事顾问。外来同志读书的对他都极尊重。真正是当地唯一"老文化人""文物保卫工作者"。大嫂体力也还好。生活好。房子临马路边，和新华书店对过，有意思。地方建设比较慢，学校却好，得好评。升高中极多。马路一直修到城边。城中破破烂烂处相当多，实在也太旧了。整个看来却非常富于画意，是北宋画。

今天就要得从我生长的小房子前和做顽童时一切地方走走了。好奇怪，城中认识我的人怕不会到十个人。有好几位小时在一处的，闻在背货种菜，即见到也不知说什么好了。地方在印象中极熟，如今真正看来倒反而十分生疏。

地方给人印象"奇怪"，因为许多都像变了又像不变，许多小孩子骑着"高跷"在路上碰撞，正是我过去最欢喜玩的。酸萝卜小摊子还到处是。许多老太婆还是那么缩颈敛手的坐在小摊子边，十分亲切的和人谈天，穷虽穷，生命却十分自足。许多干部是外来的，却在生根。当地广播电可到各乡村，每天广播歌曲时事并传达命令、通知。办事的长是四乡转。城中轻工业品，销干部的全是外来物，印花布上百种，纸烟特别消费多。本地有三百多人织土布，二毛多一尺，好看之至，却无人过问。本地人不穿，干部不穿，苗人也不大爱穿，各处摊子都有的是。如送到北京商店，特别是美术商店，三几天就可望销上千匹。有些花高级之至！真是货到地头死。人才也可能有相似情形。有个老画家，是近百年来湘西好手，教了二十年画，近在乡下种田。好银匠还有一手，做的围裙上东西，简直是"杰作"！唱歌的穿起来，到世界上任何一处去表演，也是第一等的服装！可惜没有人认为好看。文化干部总是说在发掘，当面的轻轻放过。朝慧也穿起和虎虎一样的衣服，你想想看影响好可怕。

我想带点点好料回来开开你们的眼。我看过一处织布厂，大堆年老年青妇人在一处有说有笑的在工作，高兴之至。她们如知道所织布匹拿到外国去也是第一流手工艺品时，还不知要如何高兴！这里年青人富于创造热情和天赋的小学教员，中学教员……还是一个富源，外来人不会明白的。没有出路，慢慢的自然也就耗尽了。是一待深入的问题。

□ 上 海

（一九五七年四月三十日）

小妈妈：

　　这里报上正在"鸣"。前天是小说家（巴金等），昨天是戏剧界（曹禺、熊佛西、李健吾、师陀），一片埋怨声。好像凡是写不出做不好都由于上头束缚限制过紧，不然会有许多好花开放：我不大明白问题，可觉得有些人提法不很公平。因为廿年前能写，也并不是说好就好的。有些人是靠小帮口而起来，不是真正靠若干作品深深的扎根于读者心中的。有些人又是搞了十多年的。如今有些人说是为行政羁绊不能从事写作，其实听他辞去一切，照过去廿年前情况来写三年五载，还是不会真正有什么好作品的。这里自然也应当还有人能写"作品"，可不一定就是"好作品"。但目下不写作品，还在领导文学，领导不出什么。却以为党帮忙不够，不大符合事实的。鸣总不免有些乱。如果有机会让小作家和读者鸣鸣，也会把责任转到巴金等头上

282

来，因为他们在领导，事实上可并不曾有多少青年作家或年老作家，在领导鼓舞中动起笔来的。他们团结各方面的工作做得相当差，有些人对靳以不甚满意，有些人译过十来本书还不能入作协，有些教授也不算作家，但有些又算。其中情形相当微妙，可能有些小圈子作风。这么下去将来也会有可能形成一种新的宗派，不是以作品风格见异于人，只是以地方势力作根据，形成独占而已。这对创作的发展自然是有妨碍的，可是对于有些人，必然还以为得计。古人说"识大体"，真不容易，现在人说"整体观念"，要建立也真不简单：上海报纸上载作家鸣的相当热闹，真的热闹必然还在后面些，时候还未到。但是什么时候就到来？模模糊糊。真的鸣应当是各种有分量作品，诉之于万千无成见，少偏见，且不为空气控制影响的读者。但是目下这种有资格说话的读者，却无多机会说话。这个读者群应当包括教授（教这一行的）、编辑、作者和各种干部、学生、市民读者。这个群的意见，比目下少数人批评就公道正确得多！

你们刊物阵容似得重新安排一下，至少得把党员作家好好组织一下，多有点好文章，每期总有两篇较好的短篇，三四篇充满新意思的特写，才压得住。要有露面的作家名字，也要有不见经传然而风格别致的作品。这一点我认为主动找稿子的工作方法还没有好好的推进。二三十万份的代表性刊物，看稿子要有巨大眼光，组稿子也得有各方面作家信托，感觉非帮忙不可。这工作你们做得不大够。是不是还可说很不够，我可不知道了。

这里出书极多，到一个书店去，满架子是新书，问作家有什么特别引人的作品？没有。这些书经过些什么选择而印出，情形也混乱，很有些书出来一二年，无声无息的，就到特价部作二三扣出售了。还有些大本子的，书评也少提起。有的印的多，销路少，积压在架子上和库房里，摆个样子。一般印象是书出得相当乱，可不好。市场上——以戏剧而言，"济公"观众可不少。街上每天有几十万人要开心，上海这个地方必然会有许多开心的东西流行。晚上到食品公司（先施公司）去看，消费者挤到这里边有人满感。一部分人并且口中国国有声。原来什么吃的都可零包出售，所以一面走，一面看，一面吃的人就越来越多。这个大城市过去是现在依旧是有百万计的人，都不怎么用脑子想生活以外事情，而对吃穿却有浓厚兴致的。商业或文化娱乐业为适应这个要求，不断在扩大服装店，饮食店和娱乐消费节目。看到这个情景不免令人心怀杞忧。这里的讲实际会堕落人的，使崇高理想变质，而且对于许多方面起坏影响的。说真话，作家教授争的都容易从个人出发，对国家全局关心不够。是资本主义中毒极深一个地区，同时也还是小资气息浓厚的一个温室。从政治热情而言，远不如北京之纯。当然这一切也只是点点滴滴的接触，不是什么深入研究。可是础润知雨，从各方面看来，这里的人还像是有些特殊例外，和全国发展不尽合拍。或者说待教育，待好好教育，通过各种远一些的措施来改造，不然到一定时候，还会起不良作用，妨碍了国家向前。知识分子中个人主义浓厚，非知识分子得过且过毫无远大理想，这两者是主要病象。有形的租界虽已去掉了，无形的租界还存在，知识分子和许多市民都还生活到这个无形的租界里，十分习惯。报上说的国内什么什么，对于他们都可以说无多意义。他们都像是十分聪明，可是也可说相当愚蠢。特别是一些穿新衣在街上逛的年青人，都没有性格，都莫名其妙。一部分人在日本侵占上海时，是一样的在这里悠哉游哉荡街的，所不同处是上次是他的父亲荡，现在是儿子荡罢了。其中自然也有万万千千聪明精干的人物，一出了学校就向东北西北跑的。这只限于受了好影响的学生。一般工人中也有为支援国家建设离开这个销金窝的。大知识分子习惯于这里讨生活方式的，大致都乐于在此老死不动，因为实在说来生活条件远远不同北京。找钱方法又容易，而老式自由空气却在嚷、在酿。我过去不欢喜这个地方，现在还是不欢喜。

我将在这里看五一了。三号左右可能过杭州，也可能即回来，看几个同伴日程安排。

二哥卅

跋者通信（选）

张兆和致沈从文

☐ 北　京 [1]

（一九五七年八月十一日）

从文：

　　我伤了两天风，发烧，人不舒服，昨天请了半天假，今日礼拜休息一天，可望全好。

　　院子里第一朵睡莲已开，蜜黄色，美而乖。它比你有时间观念，每天早晨按时醒来，四点钟就合上眼。前后院的妈妈们都觉得这花真有趣，孩子们围着看，谁也不碰它。

　　拜读了你的小说。这文章我的意思暂时不拿出去。虽然说，文艺作品不一定每文必写重大题材，但专以反对玩扑克为主题写小说，实未免小题大做；何况扑克是不是危害性大到非反不可，尚待研究。即

---

[1] 沈从文曾用"跛者不忘履"表达他萦怀文学创作的心情。

　　他曾多次作出努力，找回失去的能力。唯有张兆和是他的倾诉对象，重新学步的支持者，鼓励者，也是依据"标准"对他每次成绩的坦率批评者。这里选一九五七至一九六一年两人之间的部分通信。

或不是在明辨大是大非运动中，发表这个作品，我觉得也还是要考虑考虑。我希望你能写出更好一些，更有分量的小说，因为许久不写了，好多人是期待、注意你的作品的，宁可多练笔，不要急于发表，免得排了版又要收回。我的看法是不是太主观，太武断，不切实际，请批评，请原谅，只是希望你不要因此气馁，你多写，你会写得好的。

报纸看过后再寄你恐怕时间太迟了。你为什么不在青岛订一份？每个邮局随时都可以订，比在北京订更直接，随时可以订，订到月底你回来为止，这样不更省事？家里的报纸有时我看不完，想留着多看看，有时难免忘记。最近几天我还是寄给你。十日的《文汇报》，彭子冈被点了。陈梦家果然也见了报。今天收到上海李勘庵来信，说程应镠已逐渐交代，现在李兼管师院陈列室事，请你仍继续帮忙购置文物，有一个单子。反正你现在无法搞，暂不寄你。

你最好能多看几篇现在作家的新小说，知道一点创作情况和水平。有些文艺界右派分子异口同声说解放后没有好作品，都是公式化概念化的；我虽然读过作品不多，我的工作使我有机会看到一些好稿子，有些作品水平实在不低，可以借鉴。

文章写不写还是次要问题，难得到海边休养，不要老关在屋子里，要注意身体，多睡些。

你的新诗比古人诗好，感情健康；你好像很欣赏古人那两句旧诗，"白杨""红粉"，我总觉得，和现代人情调感情不大合拍。

一会到邮局看看，如果买得到最近一期《文艺报》，就寄你，对丁陈问题有详细报道。

报纸寄你到十五日为止。你从十六日订起，立即就去订。祝你愉快，健康。

兆和

八月

有好看的小贝壳拣一点带回来。不要那些顶普通的，又粗糙又笨大的。好看的小石子也要，冬天压水仙花。

致张兆和

□ 青 岛

（一九五七年八月十三日）

小妈妈：

　　在这小房间里，五点即起来做事，十分顺手。简直下笔如有神，头脑似乎又恢复了写《月下小景》时代，情形和近几年全不相同了。如一年有一半时间这么来使用，不知有多少东西可以写出！即或是写诗，或戏剧，也一定会有意料不到成绩。因为似乎生命全部属于自己所有，再也不必为上班或别的什么老像欠债一般，还来还去又总不会完，——这里却真做到了自己充分支配自己，写什么尽管同样用力大，而相当累，躺个一天半天，又回复过来了。此后如能一年有那么三几个月的自己支配自己，可能做的事，却必然会比由公家在一定形式上支配的，多到三五倍。不过如什么事也不做，尽那么住下做"隐士"，那生命尽管再属于自己，还是近于白白费去。这里就有些人，都是从文化部系统来的，好像对书都兴趣不大，对写作简直更不会有什么兴趣，那么好天气，却四个人十分兴奋紧张的坐在麻将牌边玩了又玩，从不叫累！每天都有人玩，也轮流换人，也可能有始终不让座的。试想想，真是不可解。大致有些人照习惯极少考虑到生命使用的意义。昨晚上就大约有七个人在一起，在院子中说了两点钟笑话，如全部记下来，才真是好小说。都不像是现在文化部门中高级干部还应当说起的——几个人为模仿本地卖票的说话，就学了又学，笑了又笑。还说了些一点不可笑的，也笑了又笑。真奇怪。从不谈政治，也怪。还有人带了孩子来，劣得出奇，和小××妹妹一样，凡事总和家中人扭，吃饭从来不肯好好的，菜一来就动手抓。也是少见的典型。父母照例喊来喊去，毫无作用（虎虎等从来不会有的问题，这里都有）。分析说来，家庭还是大有关系。但是大人可从来不研究改善教育方法。大人就待教育！

徐悲鸿太太也带了两个孩子在这里，一男一女，各约十二岁上下，活泼好玩，一点不劣。一天尽在水中泡，各晒得乌黑。还有几位女士，都像经过挑选来的，穿衣如白薇的有人，形态如孙太太的有人，神情如伊湄的有人。都像不会穿衣，却有好几位穿洋服"布拉鸡"，永远皱皱的，四五天也不换。有些还似乎属于艺术部门的。怪得很。我到这里大致可算是换衣最勤的人了，每天换。原因是许多人在这里"休养"，衣也不洗，多交给人洗。我倒自己动手洗。本来无一点灰尘，也少流汗，水中揉揉就成了，有阳台可晒，占时间，费劳力通不多。可是有些人像比我还不会洗衣！有些人枕头的脏，你简直不好设想。通不在乎，习惯真怕人。在一起说笑话时，简直比我三十五年前在土著部队中说的还不上篇章，真不知怎么学来的。写出来都是小说，但写出来却不像真有其事。奇怪，许多人尽管读书，书中提到的好处，可从来不起作用，起作用的却是一些最平常的生活习惯。习惯真怕人。但是一种好习惯却对人对己对国家多有用！

二哥十三日

文章已寄出，还好，就是字太多！

◻ 青 岛

（一九五七年八月二十六日）

兆：

　　昨到萧（涤非）家吃了顿晚饭，已看到小光照，和虎虎同型而略小，多了副眼镜，大学一年级生，学船舶修理，将来工作和生活，大致将长远在江边海边了。是从大连回来的。如再见到龙虎，大致通不认识了。黄西平想已见到，一定矮而微胖作广东型，相当活泼。这里票不易买，可能还只有廿九的票，才能上车，因月底有许多人争回南北。海边今年暑期不久即将算是结束，一切又将回复过去的沉静。必到明年公园花开时，才又转活泼。其实这里公园最好时光应在九十月里。

　　从报上看，上海方面还在"辩"，孙大雨等通在辩，可惜不易见到发言记载。北京开会时，一定也可以听到许多不上报的知识。政协或作协文代大会，一定还有重点的事在会上学习也。事发展到冬天，真不易设想。

大哥处说为地方学校捐款事，只管及早寄去，不要紧，他也到六十岁了，为地方做事日子不多，能看到民办中学起来，算是一生快乐事。党在各方面都鼓励人来做这件事，最大数目当然在民资多余利润（本地不会多），其次是华侨，本地更不会有。目下仅有希望大致还是一些在外工作的人，和地方热心者，所谓集腋成裘，不能如上海广东之一手可成，但还是得办，不然也是社会上一问题，政协会上即早就讨论到。将来如有钱，还是得学你爸爸^[1]，办法还是正确的，你们种种也还是得到爸爸好处。许多对人民有益的事，要从看不见处去做，才真是尽心，从种种好的方面来学做一个后备党员，也是对的。做人和写文章一样，得不断地改，总会改好的。热心而素朴的做去，对事也有好处。到处事情都待人这么努力！国家只能把握大处，小事万千项，都要在破除保守思想上加以推进，用成绩带动其他。

艺术和文物部门，研究工作极薄弱，还有抱虚无主义态度老一套搞他自己东西，却又拿那个来教人的。还有的主持生产的水平十分低，有技术而很不艺术，孔代表也还尽多，教授之无识，有出人意外的，生产出的东西，教出来的学生，当然都不大能符合新社会要求，完成不了新任务。水平低，如何能有创造性成就？有些部门且拖着向

---

[1] 张兆和的父亲张冀牖，五四运动后举家由合肥迁居苏州，不久独资创办了苏州乐益女中。

前的，无从向前。影响大。许许多多都是要从具体长期扎实努力才能改进的，而不可能希望从一运动来改变的。如薰琴等，目前教育批评有必要，以后更重要还是要那些教书的好好学习，研究生好好学习。不然哪像个高等工艺学校？××不肯踏实工作，被他们利用糊糊涂涂搞在一起，可惜。早就一再告他要从学习入手，再来说著作，才有可能。他们却妄想二年写工艺图案史骗人。××作"军师"，日来不知进行批评到如何程度。也是聪明误用，善自处，实在还是得不到大处。院中应当热心处——如为教学搞材料，兴趣总不怎么高。搞人事却充满兴味。学习又抓不紧，只抄马列文章附会，而不肯在所教本题上广泛找材料学习，因之写出来的东西，批评不得。×××一谈工艺总是他是在讲学术，用来骗人，其实知道的极皮毛，居多简直无知，就那么唬过去，长久如何能唬人？即能唬下去，也只是更加耽误事情。其实好几位教员得重新学习基本业务一二年才有资格教人的。不改进，影响最大的还不是北京，主要还是毕业学生分布到国内，教学能力水平极低，搞文化艺术干部工作，做的东东西西都很不美，搞工艺生产，还是半殖民化的精神，不中不西的。

这里又落了雨，两天中大致又出门不得，只好看书了。还写成了篇文章，再抄一次即可脱稿了，字约三千多一点，还有内容。在这里住下，写什么似乎亦落笔，易设想，脑子也似乎恢复了过去二十多年前写《月下小景》情形，人比较聪敏了好些。如写中篇，易构思。可能是海上空气究竟不大同，或比较适合于我体力。在北京生活方式似乎安排得不大得当。忙而无功，细碎而不集中，但是真正还是得到许多知识。如关闭到这个海边一小房子中，知道的还是太少，只能用来消化知识有所创作，若无原料，在此住下来还是干巴巴的，有些人恐怕正因为在这里，变成极可笑闭塞情形的。

曾和萧先生去看看老约翰（赵太侔），头已全白，独自住在学校宿舍里，房子中倒收拾得比其他讲究得多，在教点英文，人倒胖胖的和丁差不多。他儿子在东北病还不能教书，比废名还坏。也真糟，年纪轻轻的却这么不幸！耀平的上司林××果然已露头角。这人和我在上海一处视察，样子就张扬不本分，不像个有学问的人，相反和个上海商人差不多。正如谭惕吾，给我印象即不好，一看就像个只想兴风作浪的小政客，又没有什么知识本领，我还奇怪怎么这些人都是人民代表？

见之琳等发言，前一部分很好。后部分似不深刻。老舍有段在《文艺报》的自白，不好，有自夸处，特别是谈到在重庆时事。是否有人正在提起他？他以为自己很写了不少。其实他的位置，不只是自己肯写写即成，主要还是帮助鼓励同道的都肯写，主要在帮同党做团结作家工作，鼓舞工作，目下还有许多作家不算接近党，写作或研究工作都不能说有充分力量用出，他有责任在这方面做点工作，正如同丁玲在党内作家应做而未做的一样。这方面靳以巴金态度倒踏实一些，工作也做得好一些。总之，作家彼此间有些关系，还是不甚正常，是问题。也许有好些事我们都还不懂！

▣ 阜外医院

（一九六一年一月下旬）

三姐：

今天量血压，已下降到极低点，高一百四十。低压虽还在九十，照医生说也已经和年龄要求相差无几。据闻主要影响是玉米油做食物。已第四次检血组成分，如胆固醇同时也下降到二百以下，问题大致就差不多了。闻心脏还是不大好。因此暂时还只服药降压灵一粒，不宜大降。过两天将进行一种针对心脏的什么治疗。左臂在用蜡热治疗，是躺在床上用一大块白蜡包住左臂，约卅分钟，隔日一次，明天以后将每日一次。吃的还是油多。今午吃鱼，量不少，大致在六两左右一盘，加二两油，因此油糊糊的。照目下说明，是可将胆固醇分配量减少有效方法。（另一面也是调整较长时期营养单一，不足的一种疗法。）是照苏联治疗意见着手的。照我自己说来，倒是"吃得好，不用脑，长长睡，按日洗个澡"必然结果。闻巩固在气功，星期六才正式传法。事先看护已日日提到方法、过程、境界、问题、疗效。重点在气功。一点破，方法倒又似乎简单之至，即想出一定办法不用头脑而已。话说回来即正式承认二千年前的修仙学道的"导引"，和千多年前和尚的"参禅打坐"，以及十余年前会道门的"传法"，都有条件找出理由，加以承认，肯定，认为还有道理是也。目前说是"大脑皮层的休息控制"。事实上可能和"自我催眠"有关，唯照医学目前说明，是不提"催眠"字样，免得和巫术相混淆的。事实上到另外一时，恐还得回到这两个字上来。

　　安娜已看完，这本书有好处也有一定弱点。写事，笔明朗，如赛马，猎鸟，农事收获，及简单景物描写，都很好。至于写人，写情感变化，有些过细，不大自然，带做作处，似深而并不怎么扎实。乍看好，较仔细看，即觉得不十分好。托自己并不十分满意，是有道理的。评传说英译本将重要议论涉及批评社会制度，思想激烈部分多删节。因此重点转成"恋爱悲剧故事"，不大合符本来目的，评得中肯。周译似即此经过删节的译本，所以讲到社会问题，对话多含糊。又暴露旧俄上层社会生活之无聊，如俱乐部种种，还好。我想把《战争与和平》也看看。如还有屠格涅夫的《父与子》或其他，也看看，可对照得一印象。因为屠在背景描写上加工，有长处。写人分析较少，让人从谈话中见性格，见思想，方法上还是有长处，比托时时用解释方法分析情感，倒是屠的方法比较自然。看看这些十九世纪作品，有另外一种好处，即使我引起一种信心，照这种方法写，可以写得出相等或者还稍好些作品，并不怎么困难。难的不是无可写的人，无可写的事，难的是如何得到一种较从容自由的心情，来组织故事，进行写作。难的是有一个写作环境，成熟生命还是可以好好使用几年的。我想到的总还是用六七万字写中篇，至多有八万字，范围不妨小些，格局不妨小些，人事不妨简单些，用比较素朴方法来处理。如能得到较从容工作环境，一定还可以写得出几个有分量东西的。这自然也只是目下一种主观的估计，事实上脑子的使用还是有一定限度，未必能做到。最难的是作品写出来后，既能为自己批准，又能满足客观要求。这种矛盾统一是不容易的。我希望能有机会到西南走走，会可望有些收成。若一月后医生还说心脏不大健康，倒也许是另外一种转机，因为工作恐得改变。如能做半天工，或者将有"塞翁失马"事出现，有重新试来计划写个中篇可能。看看近来许多近于公式的歌剧、话剧及小说，写土豪、劣绅、军官等等恶人通不够深入，写好人也不怎么扎实，特别是组织故事多极平凡，不亲切，不生动，我还应当试把笔用用，才是道理。如真的照过去那么认真来写，一礼拜写个五六千字，用四个月或半年写一中型小说，不会太吃力，写成也一定不会太看不下去。

　　在这里杂志上看到几个短篇，都不好。都不会写，不会安排故事，不会对话，不会写人。没有办法看下去。报上特写写人事更加不易感动人。散文和诗写到景物时，都不知如何着手，文字不够用似的，也一点不真实。恐怕和每年选的选本作为标准也有关系。大家都

300

用来学习，取法，越学范围越窄，再也无希望从文字上见新风格，或性格（恐怕得想点办法了）。报刊上似乎还不曾有人肯提及这个问题。正和工艺美术及美术上碰到问题一样，都只说"好"，事实上在讨论外销时，却都明白有问题，无市场。有的拿去展览即展不出。但是还是在照常生产。待改进生产，并不讳言。文学——一般报刊文学，商讨到如何提高现有水平质量问题似极少见。介绍外国的作品，如像一些诗歌，也都不怎么精彩。不知是什么缘故。是不是编辑注重点多不放在这上面，不大客观，还是另外尚有问题？这里放的几种理论刊物，就少有人翻阅，多崭新的摆在架上。有些连环画册倒翻得又油又破。住院的大部分还是知识分子，头脑劳动者，难道是头脑都太累，因此只想看看画册子消遣消遣？还是新文学和这个多数生活，根本上即并无什么关系？有一点让我看到有些如托尔斯太小说中列文感到的忧虑，即一吃过饭，好些休息室好几桌麻雀牌都坐上了人，几个女教授和中学女教员，都十分溜刷在行在那里洗牌，精神很好。玩得那么热心，正如把我带回到三四十年前社会环境中去，不免有点痛苦。因为让我体会到社会还是有一个相当多数，是只会从这个老方式寻开心得快乐的。还是有许多人乐于用这个方式消耗有限生命，而从书本上求真理得快乐，即或是"知识分子"，也并不怎么热心的。这也是一个问题，应当在文学中来提提。或讲讲什么什么不大好！但是说这个不免近于迂腐，因为社会还是习惯这么下去的。特别是一般书籍如果并不能给多数人比玩麻雀牌更大一些的快乐时，这些书籍再多也是无意义的。我以为《人民文学》还值得做些带主动性的试验，即把它分送到凡是受过大学或中学教育的机关干部、医生、看护，病院，生产单位如工厂……中小学教师……附一张测验表，提出些问题，问问读者欢喜什么，看过后有什么印象，等等。有一时记得车上曾订得有，后来却只有画报和连环画了。我听到许多人说现代人小说都只欢喜《林海雪原》，原来欢喜的是惊险，是把看《七侠五义》的习惯情感转到新的作品而觉得动人的。事实上这些读者更乐意看的也许还是新西游记新水浒传，至于什么短篇，可极少人有兴趣。至于诗，作者自以为政治性强的，读者却简直是全部挡驾，看不懂，无意思，不知说些什么事情。我们说文学应面对大多数群众，这个多数认真说来我们是太不明白，太不认真注意了，新作品对他们一点都不需要，你们可不曾注意到。新作品在这个真正多数起过些什么良好作用，你们也并没有认真注意到。你们可以说并不懂读者，作者也不懂，批评家写的文章，和一般读者且隔得更远了。许多作品只有准备写文章和教师要看，和多数读者全无关系。这实在是一种值得注意的事情！我在这里还看到几册电影刊物，多用旧戏编的，又看电视，也是京戏编的，到处是王爷、公主、元帅……我觉得这一切综合作成的影响，是不怎么好的。

◻ 阜外医院

（一九六一年二月二日）

三姐：

你把刀也带回去了，这里只好连皮吃苹果。今早听《游园惊梦》极好，不是李淑君即是杜近芳或言慧珠，不妨买一面密纹片过年。血压已降至一百五十一一九十，看情形已到最低数，能巩固即不错了。其实能长保一百七十——一百已不错。

《战争与和平》极好，也译得好。看三册火焚莫斯科，不过用一章文字写，却十分生动。不过从彼尔眼中看去，却极感人。写法兵抢劫，也不过用一页文字，写枪毙平民，不过五个人，可是却十分深刻。真是大手笔。写决定放弃莫斯科的一次军事会议，却只从一个六岁女孩眼中看到一个穿军服的，和一个穿长袍的争吵，又有趣又生动，真是伟大创造的心！写战争也是文字并不怎么多，不到二三千字，却全局开展，景象在目，如千军万马在活动。都值得从事文学的好好学习！我们《红旗飘飘》文章有的是不同动人事件，可是很多却写得并不动人，且多相同，重点放在战斗过程上，表现方法又彼此受影响，十分近似，——不会写！还是要学会它。你们做编辑的，事实也应分[1]多学一些，把这个本领学好些，则随处可望点铁成金，草草数笔，即眉目生动。一般说，还是不够重视这一表现问题。也不怎么认真十分用十九世纪作品，和五四以来部分作品作参考对象，来有计划学习学习。如能仔细认真读一百种书，真的用一年时间来共同读一百本书，结果你们必然会觉得工作便利得多！对作者帮助也大得多！有些描写方法，安排，组织，表现技巧，乍看作者总是不太费力，却有极好效果。写景也是并不怎么着力，不必特别渲染，只是把当场应有的情形略略涂抹。又在极大事件、伟大人物描写上，常常作些比拟形容，似乎不甚庄重，可是结果却生意盎然，充满生命，转近自然。总之，一个善于学习的人，即可以学得许多东西，不善于学习，只呆记住什么人评论托或其他的思想意识，必须注意的具体长处学不到，概括的唯有教授写论文编讲义才用得上的论断，却记得特别多，结果是毫无用处，没有丝毫帮助。等于要王嫂记"营养学"，某种菜有多少"维他命"什么什么，去协和医院学炒菜配料，毫无用处。事实她应当到的却是"萃华楼大厨房"，那里有具体手艺，正是她所要知道的。你们也应当直接学多些。

礼拜天要小虎和朝慧来看看我也好（天气太冷就不用来），带小瓶橘子水来。医生今天说要吃，内中有钾，可解除盐问题。头这几天

---

[1] 应分，方言，意为应该，应当。

又不大好，不知何故，血压并未上升，食量却在减。腰有点不怎么。十二点还睡不着，也许是卧功半小时把精神回复过来？左臂大致还得换一种疗法。这里吃的有时贵些，数目不一定，平均总是一元多点一天。这里有本左拉《萌芽》，好大一本，或许会看完它。完全用学习的态度来看，还是新的经验，可得到许多知识，特别是表现方法，极有用。写人写事方法，有用。如能有时间把屠、契、佛……什么什么十九世纪的大手笔全看看，主要的看看，还是有意义。

二哥

张兆和致沈从文

◻ 北 京

（一九六一年七月二十三日）

从文兄：

　　先后收到你五六封信，觉得有很多话要说，可一时又说不清楚。关于创作的一些经验和甘苦，你谈的我觉得很对，也正是这次文艺工作会议开了二十天会所要解决的问题。可是对于文艺批评家的态度，以及作为一个社会主义国家的作家对创作所采取的态度，你的一些看法我不敢苟同。我觉得你的看法不够全面，带着过多的个人情绪，这些个人情绪妨碍你看到许多值得人欢欣鼓舞的东西，惹不起你不能自己的要想表现我们社会生活的激情。你说你不是写不出，而是不愿写，被批评家吓怕了。但是文艺创作不能没有文艺批评，文艺应当容许批评，也容许反批评。百花齐放百家争鸣方针正是鼓励大家多发议论，用各种不同样式风格表现生活，文化艺术才能发展繁荣。说是人家要批评，我就不写，这是非常消极的态度。当初为寻求个人出路，你大量流着鼻血还日夜写作，如今党那样关心创作，给作家各方面的帮助鼓励，安排创作条件，你能写而不写，老是为王瑶这样的所谓批评家而嘀咕不完，我觉得你是对自己没有正确的估计。至少在创作上已信心不大，因此举足彷徨无所适从。写呢？不写？究竟为什么感到困难？不能说没有困难，创作这种复杂的活动，主观方面，客观方面原因都有，重要在于能排除困难，从创作实践中一步步来提高，不写，空发议论是留不下好作品来的。我希望你能在青岛多住些时，一则因为今夏北京奇热，夜晚蚊蚋多，睡不好觉，二则能在青岛写一篇或两篇小文章，也不辜负作协为你安排种种的一番好意。这在你并不是很困难的。家里住处挤，小龙可能还要在家休养一个时候，当然这是可以想办法的，单看你的决定。还需多少钱，望告我，前寄六十想收到。

我们刚发完七八月号合刊号，接着就忙加工九月号，照例那一星期左右的比较不忙的间隙也没有了，所以也没有能定下心来给你写信。北京瓜果也陆续上市，西瓜二毛五一斤，很好。桃、荔枝、花红都各吃过一次。夏天蔬菜多，每天吃西红柿，多而且好。

云六大哥来信，二丸子已定婚，大伯为寄了一双篮球鞋，三嫂为寄来袜底六双绸旗袍一件。又给大伯寄了降压灵去。奉胜琼患肠癌，剖腹以后才发现是癌，已无希望，她自己还不知道。我去医院看过她三次，那么好的人，医生也束手无策，我能为她做些什么呢？想到在为人类谋求幸福方面，征服自然攻科学关，我们有多少工作待去做，而帝国主义战争狂人却拼命制造冷战搞军备竞赛，这些人为了自己的利润不惜大量毁灭别人！为打倒这些人，爱好和平的人们应当怎样更好的团结起来啊。最近我看到希克梅特在《苏联妇女》上发表一首诗，这诗不胫而走，到处传诵，在日本反美日协定上起很大宣传作用，这样的诗，能在和平运动直接起这样大的作用，感人至深，我觉得，就是最好的诗，诗抄如下：

一个死去了的广岛小姑娘

开开门哪，是我。
我敲了一家又一家，
你们都看不见我——
死去了的孩子本来看不见嘛。

我是十多年前死在广岛的，
那年我才七岁，
现在我还是七岁，
死了的孩子是不会长大的。

先是头发烧着了，
后来眼睛也焦了，
完了，我就变成了一堆灰，

灰也给风吹跑了。

请你给我开开门罢，
我什么也不要您的。
烧成灰的孩子，
连饽饽都不会吃了。

我就求求你，叔叔和阿姨，
我就求求你签个名，
好让孩子们别再烧死，
好让孩子们都能吃甜饽饽。

　　能写出这样诗的诗人有多么宽阔博大的胸襟啊！写出这样的诗，我觉得无愧于革命诗人和平战士的称号。我们应当有这样的诗人和作家（包括你在内）。写出这样作品，是人类的骄傲。你说呢？

兆和

七月二十三日

编者说明

　　沈从文，二十世纪中国最优秀的作家之一。湖南凤凰人，早年投身行伍，一九二四年开始文学创作，是白话文革命的重要践行者和代表作家。沈从文文采斐然，笔耕不辍，以湘西的人情、自然、风俗为背景，凭一颗诚心，用最干净的文字缔造了纯美的湘西世界，也由此奠定了他在中国现代文学中的独特地位。

　　从文先生的小说和散文，大大丰富了中国现代文学的审美形象，湘西世界反映出的对自然的感怀和对纯粹人性的渴望，也引起了广大读者的共鸣。其晚年主要从事中国古代服饰研究，编著的《中国古代服饰研究》填补了中国文物研究史上的一项空白。

　　参考现已出版的各种相关文集，我们精心选取了沈从文作品中的经典篇目，并根据题材和内容特色对所选篇目重新编排。在编校过程中，我们力求保持作品原貌，只对所选作品原文的个别字词、标点符号及相关引文进行了修订和校正，以飨读者。

　　限于学力和经验，在编校中难免有错讹疏漏之处，敬请广大方家、读者斧正。

编　　者